MEIN KREATIVER
STADT
BALKON

MEIN KREATIVER STADT BALKON

DIY-Projekte und Gärtnerwissen präsentiert

vom **Garten Fräulein**

EMF

EIN BUCH DER
EDITION MICHAEL FISCHER

INHALT

VORWORT

In diesem Buch möchte ich mit Ihnen meine Freude am Gärtnern auf dem Balkon teilen. Oftmals sind das Interesse und die Neugier am Anbau von eigenem Gemüse groß – der Respekt davor aber leider ebenso. Daher möchte ich Ihnen sagen: „Es ist gar nicht so schwer!“ Was kann schon passieren, wenn es nicht direkt so klappt wie geplant und nicht alles so aussieht wie in den Hochglanzmagazinen? Dann heißt es eben: noch einmal versuchen. Das Gärtnern – egal, ob auf dem Balkon oder im Blumenkasten auf dem Fensterbrett – lehrt uns, Geduld zu haben und uns der Natur gegenüber in Demut zu üben. Unsere Pflanzen sind uns dankbar für gute Erde und freuen sich über regelmäßiges Gießen. Vieles andere entscheiden die grünen Mitbewohner aber selbst.

Lassen Sie sich auf das Abenteuer Balkon ein! Ein neues Lebensgefühl, eine ganz neue Art der Zufriedenheit wird damit Einzug in Ihr Leben halten. Denn unsere Pflanzen geben uns jede Menge zurück: Leckere Früchte, Freude an schönen Blüten und ein Zuhause, das zu einer grünen Oase wird. Ihre Mühe lohnt sich also!

Ich wünsche Ihnen viel Freude, Mut und Durchhaltevermögen auf dem Weg zu Ihrem kreativen Stadtbalkon!

Ihr Garten Fräulein Silvia Appel

DIE BASICS *zum Loslegen*

Wer einen Garten auf dem Balkon anlegen möchte, sollte eine gewisse Grundausstattung immer griffbereit haben. Zu den wichtigsten Basics gehören aber nicht nur die richtigen Werkzeuge. Das Wissen zu unterschiedlicher Erde, zu Saatgut und Setzlingen macht den Start erst perfekt.

Bevor Sie loslegen, steht eine Standortbestimmung an: Ist Ihr Balkon mit Sonne gesegnet oder liegt er eher im Schatten? Je nachdem, wie die Standortbedingungen sind, wählen Sie anschließend Ihre Pflanzen aus. Und keine Sorge, es ist kein Zauberwerk, Tomaten und Co. aufzuziehen. Ein sonniger Balkon, nährstoffreiche Erde und ausreichend Wasser lassen jede Tomate entzückt erröten.

DAS *Werkzeug*

Der Bedarf an Werkzeugen ist überschaubar. Grundsätzlich ist es wichtig, dass Sie auf hochwertige rostfreie Gerätschaften zurückgreifen. Natürlich brauchen Sie nicht gleich alles auf einmal anzuschaffen. Überlegen Sie sich, welche Arbeiten Sie zuerst angehen möchten und welches Werkzeug Sie dafür benötigen. Für manche Werkzeuge gibt es auch sehr praktische, günstige und hübsche selbst gemachte Alternativen.

DAS BENÖTIGT EIN STADTGÄRTNER

GIESSKANNE

Achten Sie darauf, dass sich die Brause abnehmen lässt, denn die meisten Pflanzen mögen es nicht, wenn ihre Blätter nass werden. Sie haben gerade keine Gießkanne zur Hand? Auf Seite 12 finden Sie eine gute Alternative.

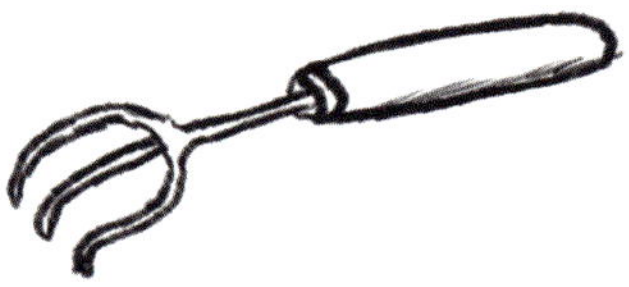

HANDGRUBBER

Für eine schön lockere Erde fährt man mit dem Handgrubber durch die Pflanzkübel und Balkonkästen. Übrigens ist das Gerät einem Hühnerfuß nachempfunden. Hühner lockern den Boden durch das Scharren mit ihren spitzen Krallen perfekt auf.

HANDSCHAUFEL

Damit die Erde auch dort landet, wo sie hin soll, ist eine Schaufel mit geschwungenen Flügeln sinnvoll. Sollte das Budget für Gartengeräte schon ausgeschöpft sein, versuchen Sie es mit einem Blumentopf oder einer Suppenkelle.

ROSENSCHERE

Egal, ob zum Kräuterernten oder zum Blumenschneiden: Eine Rosenschere ist ein unerlässliches Werkzeug. Für den Anfang reicht auch eine scharfe Haushaltsschere.

PIKIERSTAB

Vereinzeln und Wiedereinsetzen von Setzlingen funktioniert mit einem Pikierstab wesentlich leichter als mit der bloßen Hand. Zur Not können Sie stattdessen auch einen stumpfen Bleistift verwenden.

PLASTIKPLANE

Damit Ihr Balkon nicht allzu schmutzig wird, legen Sie bei Pflanz- oder Umtopfaktionen am besten eine große Plastikplane unter. Alte Zeitungen erfüllen denselben Zweck.

GARTENSCHNUR

Will die Bohnenranke nicht dorthin, wo sie hin soll, und die Tomaten hängen ständig in die falsche Richtung? Mit einer Gartenschnur ist das Problem im Nu gelöst.

GARTENHANDSCHUHE

Erde unter den Fingernägeln finden Sie nicht so schick? Schutz bietet Ihren Händen ein Paar Gartenhandschuhe.

HANDBÜRSTE

Damit Ihre Hände trotz Gartenarbeit gepflegt bleiben, verwenden Sie am besten eine Handbürste. Besonders viel Spaß macht das Händewaschen mit einer selbst gesiedeten Seife (siehe Seite 13).

DIY

PET-Gießflasche

Die Pflanzen mit Wasser zu versorgen macht mit einer Gießkanne, die hübsch aussieht, gleich doppelt so viel Spaß. Mit Serviettentechnik wird aus einer gewöhnlichen Plastikflasche im Handumdrehen eine dekorative Gießflasche.

MATERIAL

hübsche Servietten

1,5-Liter-PET-Flasche

Serviettenkleber

Pinsel

Gießaufsatz

SCHRITT 1

Lösen Sie die oberste Schicht von der Serviette ab. Für das Aufbringen auf die Flasche wird nur der bedruckte Teil der Serviette benötigt.

SCHRITT 2

Reißen Sie die Serviette in kleine Stücke. Anschließend bestreichen Sie mithilfe des Pinsels die Plastikflasche dünn mit Serviettenkleber.

SCHRITT 3

Legen Sie die Serviettenstückchen auf die mit Kleber bestrichene Plastikflasche auf. Drücken Sie diese mithilfe des Pinsels und etwas Serviettenkleber fest. Zum Schluss bestreichen Sie alles noch einmal großzügig mit Kleber und befestigen den Gießaufsatz. Zwei Tage trocknen lassen und schon kann es losgehen!

DIY

GARTEN-seife

Nach einem Gärtnertag die Hände sauber zu schrubben ist manchmal gar nicht so einfach. Mit einer selbst gemachten Seife wird aber auch diese Arbeit zum reinsten Vergnügen. Tragen Sie beim Anfertigen der Seife unbedingt eine Schutzbrille und Handschuhe!

MATERIAL

aufgeschnittene Plastikflasche als Messbecher

140 g Natronlauge (aus dem Putzmittelregal im Supermarkt)

2 alte Edelstahl-Töpfe

330 ml destilliertes Wasser (aus dem Baumarkt)

250 g Kokosfett

400 g Sonnenblumenmargarine

250 ml Oliven- oder Sonnenblumenöl

1 Handvoll Haferflocken

Lavendelblüten

leere Plastikbehälter

Klarsichtfolie, Handtuch

Gummihandschuhe

Schutzbrille

HINWEIS

Die Gerätschaften, die mit der Natronlauge in Berührung kommen, dürfen nach der Seifenherstellung nicht mehr zum Kochen verwendet werden.

SCHRITT 1

Geben Sie das Natron in einen kleinen Topf. Anschließend das destillierte Wasser unter ständigem Rühren eingießen. Am besten arbeiten Sie am weit geöffneten Fenster oder im Freien, denn es entstehen ätzende Dämpfe. Vorsicht: Sobald das Pulver mit dem Wasser in Verbindung kommt, wird das Gemisch sehr heiß.

SCHRITT 2

Lassen Sie die Lauge auf Zimmertemperatur abkühlen. Währenddessen bringen Sie Kokosfett und Margarine in einem Topf langsam zum Schmelzen. Es sollte nicht kochen. Anschließend geben Sie das Öl hinzu.

SCHRITT 3

Geben Sie ganz vorsichtig die abgekühlte Natronlauge zum Fett-Öl-Gemisch. Rühren Sie so lange, bis die Seifenmasse andickt.

SCHRITT 4

Geben Sie die Haferflocken und Lavendelblüten zur Seifenmasse und mischen Sie sie gut durch. Anschließend füllen Sie die Seifenmasse in die leeren Plastikbehälter.

SCHRITT 5

Mit einer Klarsichtfolie abdecken, ein Handtuch darüberlegen und für mindestens 24 Stunden ruhen lassen.

SCHRITT 6

Nachdem die Seifenmasse richtig fest geworden ist, können Sie diese aus der Form stürzen. Dafür gegebenenfalls mit einem Messer vorsichtig am Rand entlangschneiden.

SCHRITT 7

Schneiden Sie den Seifenblock in Stücke und lassen Sie diese etwa einen Monat lang an einem trockenen, kühlen und luftigen Ort trocknen. In dieser Zeit reift die Seife.

DIE RICHTIGE *Erde*

Erde ist nicht gleich Erde. Im Gartencenter finden Sie ein großes, auf den ersten Blick oft schwer durchschaubares Angebot. Grundsätzlich gilt: Eine spezielle Erde ist für das Gärtnern in Balkonkästen und anderen Gefäßen nicht erforderlich. Im Handel finden Sie zwar spezielle Obst- und Gemüseerden, deren Rezepturen entsprechend auf diese Pflanzen abgestimmt sind, doch ihr Einsatz wirkt sich nur sehr geringfügig auf den Ertrag aus.

TORFFREIE ERDE

Der Umwelt zuliebe sollten Sie auf torfhaltige Erden verzichten. Torf, der in unserer Blumenerde landet, wird aus trockengelegten Mooren abgebaut. Diese haben sich über Jahrtausende entwickelt und sind wichtige Lebensräume für Pflanzen und Tiere. Lassen Sie sich auch nicht von der Bezeichnung „Bio" beeindrucken – auch hier kann noch Torf enthalten sein. Erde ohne Torf ist leider nicht günstig. Eine Alternative stellt „torfreduzierte" oder „torfarme" Erde dar. Bei den städtischen Kompostwerken sind alle Arten von Erde überwiegend zum Selbstabfüllen erhältlich. Die Kompostwerke versuchen verstärkt, anstelle von Torf andere Zuschlagstoffe wie Kompost oder Holzfasern einzusetzen. Fragen Sie am besten einfach nach.

FRISCHE ERDE

Wichtig ist, dass die Erde immer frisch ist. Das lässt sich am Geruch erkennen. Wenn die Erde ihren typisch erdigen Geruch abgibt und schön durch die Finger rieselt, ist das ein gutes Zeichen. Um Kosten zu sparen, können Sie Blumenerde mit etwas Sand, Kompost und gegebenenfalls Mutterboden mischen. Das dankt Ihnen nicht nur Ihr Geldbeutel, sondern auch Ihre Pflanzen, die durch die gemischte Erde gut mit Wasser und Luft versorgt werden.

ANZUCHTERDE

Wer seine Pflanzenlieblinge selber großziehen und aussäen möchte, verwendet dafür am besten Aussaaterde. Dieses Substrat ist zum einen sehr feinkrümelig und das erleichtert den kleinen Pflänzchen Fuß zu fassen. Zudem enthält die sterilisierte Erde weder Keime noch Unkrautsamen. Einem gesunden Start ohne Konkurrenz für die Sämlinge steht daher nichts im Weg. Mischt man selber eine Anzuchterde, sollte diese vorher (im Backofen) für 15–20 Minuten erhitzt werden.

HINWEIS

Bei kleinen Gefäßen sollte die Erde jährlich, bei großen Balkonkästen alle zwei Jahre ausgetauscht werden. Meist setzt sich die Erde nach und nach ein wenig ab; füllen Sie die Gefäße daher regelmäßig wieder auf.

KURZES ERDEN-EINMALEINS

BLUMENERDE

Blumenerde enthält alle wichtigen Stoffe, die Pflanzen brauchen. Sie sollte immer frisch sein und nicht länger als nötig offen gelagert werden. Torffreie Blumenerde ist dank Kompost, Rindenhumus, Holzfasern, Tonmineralien und Lavagranulaten mittlerweile genauso nährstoffreich wie handelsübliche Blumenerde. Sie sollte allerdings mehr gewässert werden als torfhaltige Erde.

KOMPOST

Kompost sieht, je nachdem, in welchem Verrottungsstadium er ist, ganz unterschiedlich aus. Meistens sind noch kleine Teile von Ästen oder Eierschalen zu erkennen. Der reife Kompost hat eine krümelige Struktur und riecht erdig frisch. Weil er vor Nährstoffen nur so strotzt, ist er ein sehr guter Dünger. Verwenden Sie nur reifen Kompost, denn unter unreifem Kompost leiden die Pflanzen oftmals.

GARTEN-/LANDERDE

Die Beschaffenheit von Gartenerde hängt vom Standort ab. Man unterscheidet leichte/sandige, mittlere/lehmige und schwere/tonige Böden. Für den Balkongarten eignet sich die mittlere/lehmige Erde am besten. Falls Sie keinen eigenen Garten haben, fragen Sie doch bei einer Kleingartenanlage oder einem Biolandwirt nach, sicherlich gibt man Ihnen ein paar Schaufeln ab.

SAND

Mit ganz normalem Spielsand lässt sich schwere tonhaltige Erde, die wasserundurchlässig ist, bestens auflockern. Allerdings sollte man nicht allzu viel Sand untermischen, sonst sind zu wenig Nährstoffe in der Erde.

ANZUCHTERDE

Für die Aussaat benötigen Sie eine nährstoffarme, lockere Erde. Die „Suche" nach Nährstoffen regt das Wachstum und die Wurzelbildung an. Zu viel Nährsalze könnten die Wurzeln verbrennen.

Blumenerde

Kompost

Garten-/Landerde

Sand

Anzuchterde

DIY

WURM-Kiste

Selbst auf kleinstem Raum ist es möglich, Bioabfälle in hochwertigen Kompost zu verwandeln – dank fleißiger Würmer, die preiswert im Internet zu erhalten sind. Platzsparend und dekorativ ist eine Wurmkiste, hergestellt aus einer ausrangierten Weinkiste.

MATERIAL

Weinkiste

Zollstock

Winkelmaß

Sperrholz, 1 cm dick

Stichsäge

Akkuschrauber

Hasendraht, 1 m lang

Leimholzplatte, 4 cm dick

30 Schrauben

2 Scharniere

Bleistift

Haushaltsschere

500 Kompostwürmer (siehe Bezugsquellen Seite 140)

SCHRITT 1

Nehmen Sie mit dem Zollstock innen von den Seiten und vom Boden der Weinkiste die Maße. Übertragen Sie diese mithilfe des Winkelmaßes auf die Sperrholzplatte. Anschließend sägen Sie mit der Stichsäge alle Teile aus.

SCHRITT 2

Legen Sie den Sperrholz-Boden in die Weinkiste. Er muss nicht extra festgeschraubt werden. Schrauben Sie die Seitenteile innen an der Kiste an.

SCHRITT 3

Mit dem Hasendraht wird in der Mitte der Kiste eine Art Trennwand errichtet. Nehmen Sie den Hasendraht doppelt und biegen Sie ihn so zurecht, dass er platziert werden kann. Falls nötig kürzen Sie ihn mit der Haushaltsschere. Schneiden Sie aus dem restlichen Sperrholz zwei kleine Leisten heraus und befestigen Sie damit den Draht am Boden in der Mitte der Kiste.

SCHRITT 4

Für den Deckel legen Sie die Leimholzplatte auf die Weinkiste und zeichnen mit dem Bleistift die Umrisse auf. Sägen Sie mit der Stichsäge den Deckel aus. Jetzt bringen Sie noch an einer der langen Seiten die beiden Scharniere an.

SCHRITT 5

Nun können die Würmer einziehen. Die Würmer werden meist mit Wurmhumus geliefert. Sollte das nicht der Fall sein, geben Sie ein wenig Komposterde als Basis in die Kiste. Setzen Sie die Würmer hinein und geben Sie die Bioabfälle dazu – den Rest erledigen die kleinen fleißigen Tierchen von alleine.

HINWEIS

Dekorieren Sie die Kiste mit Pflanzen und schon fällt niemandem mehr auf, dass sich gerade 500 Würmer in nächster Nähe tummeln.

UND SO FUNKTIONIERT DIE WURMKISTE

Mithilfe des Hasendrahts haben Sie eine Trennwand geschaffen. Füllen Sie nun zuerst eine Kammer mit Bioabfällen. Ist diese voll, beginnen Sie, die andere Kammer zu füllen. Die schlauen Tierchen kriechen durch den Hasendraht hindurch zum Futter. Nach etwa drei Monaten haben Sie in der ersten Kammer wurmfreien Kompost. Die Wurmkiste sollte möglichst schattig und vor Regen geschützt stehen. Stellen Sie die Kiste im Winter, sobald Frost droht, in den Keller.

DAS SAATGUT *macht den Unterschied*

Ab März gibt es beinahe in jedem Supermarkt eine Ecke mit Saatgut. Es spricht natürlich auch nichts dagegen, sich bereits vorgezogene Pflanzen auf dem Markt oder in der Gärtnerei zu kaufen. Es ist jedoch ein ganz neues Erlebnis, eine Paprika zu ernten, die Sie aus einem klitzekleinen Samen selbst gezogen haben. Über Monate hinweg verfolgt man gespannt ihren Weg bis hin zur ersten erntereifen Frucht. Lassen Sie sich auf dieses Abenteuer ein! Sie werden staunen, welche Erfüllung das ist.

SAMENFESTES VS. HYBRIDES SAATGUT

Wenn Sie Saatgut kaufen, dann wählen Sie am besten samenfeste Sorten. Das ist Saatgut, welches man selbst vermehren kann. Samenfeste Sorten sichern die kulturelle Vielfalt auf unseren Feldern, in den Beeten, Balkonkästen und auf den Tellern. Alt eingesessene Gemüsesorten werden wieder gezüchtet und bleiben für kommende Generationen erhalten. Bei samenfesten Sorten steht nicht der Ertrag an erster Stelle, sondern der Geschmack der jeweiligen Frucht.

Dem gegenüber steht das hybride Saatgut. Dieses gibt es im regulären Handel überwiegend zu kaufen. Sie erkennen es an der Kennzeichnung „F1". Hybride Sorten sind besonders ertragreich, allerdings nur bei der Erstaussaat. Versucht man im nächsten Jahr das geerntete Saatgut wieder zu verwenden, geht der Ertrag deutlich oder ganz zurück. Das zwingt Hobbygärtner und Landwirte dazu, jedes Jahr neues Saatgut zu kaufen. Man begibt sich in die Abhängigkeit großer Saatgutkonzerne.

EIGENES SAATGUT ERNTEN

Indem Sie Ihre Pflanzen nicht komplett abernten, sondern noch Früchte als Saatgutquelle stehen lassen, werden Sie Ihr eigener Saatgutlieferant. Dadurch spart man sich nicht nur Geld. Sie können sich auch sicher sein, im kommenden Gartenjahr die gleiche leckere Paprika zu ernten wie im Jahr zuvor. Über die Jahre haben Sie einen ganzen Saatgutfundus beisammen.

Wenn es draußen langsam herbstlich wird, sind die meisten Blumen schon verblüht. Nun sind Samenstände anstelle farbenprächtiger Blüten zu sehen. Bevor diese vom nächsten Windstoß davongetragen werden, können Sie das Saatgut ernten.

SO GEHT'S

Besonders leicht lassen sich die Samen von Ringelblume, Studentenblume, Kapuzinerkresse, Kosmeen, Jungfer im Grünen, Stockrosen, Kornblumen und Wicken abernten. Schneiden Sie die Samenstände vorsichtig von den Pflanzen ab. Damit sich die Samen auch bis zum nächsten Jahr halten und nicht schimmelig werden, müssen sie gut getrocknet werden. Breiten Sie die Samen am besten mitsamt der vertrockneten Blüten auf Küchenpapier aus und lassen Sie diese an einem warmen Ort gut trocknen. Nach ungefähr zehn Tagen sollte jegliche Feuchtigkeit entwichen sein. Dann lösen Sie die Samen aus den vertrockneten Blütenresten heraus.
Natürlich lässt sich auch von Gemüse Saatgut fürs nächste Jahr ernten. Im leckeren Fruchtfleisch von Tomaten, Zucchini, Kürbissen und Gurken sind die Samen eingebettet. Hier muss man nicht bis zum Herbst mit der Saatguternte warten. Schon während des Gartenjahres können Sie, z. B. beim Zubereiten eines Gurkensalates, einfach ein paar Samen herausnehmen und trocknen.
Besonders leicht erhält man die Samen von Bohnen, Paprika und Erbsen. Einfach die Kerne herauslösen und trocknen lassen.

TAUSCHBÖRSE

So viele Samen können Sie gar nicht selbst verwenden? Dann geben Sie die Freude am Gärtnern doch einfach weiter. Verschenken Sie Saatgut an Freunde, Nachbarn und Arbeitskollegen. Mischen Sie sich unter Gleichgesinnte und halten Sie Ausschau nach einer Samen-Tauschbörse in Ihrer Stadt. Falls es noch keine gibt, veranstalten Sie doch eine in Ihrem Viertel. Im Rahmen einer solchen Veranstaltung können nicht nur Samen, sondern auch jede Menge Erfahrung ausgetauscht werden.

HINWEIS

Damit sich die Samen auch möglichst lange halten, sollten diese kühl und trocken gelagert werden. Beschriften Sie die Tüten mit Sorte, Abfülldatum und weiteren Infos wie dem Standort.

DIY

SAMEN-*tüten*

Um die Vorfreude auf die nächste Gartensaison zu steigern, können Sie schöne Samentüten basteln. So haben Sie gleichzeitig ein nützliches und hübsches Geschenk für Gartenliebhaber.

MATERIAL

Samentüte als Vorlage

Papier oder Karton

Klebestift

Schere

bunte Geschenkpapierbogen

Bleistift

Etiketten

Filzstifte

Washi Tape

SCHRITT 1

Verwenden Sie eine aufgetrennte Samentüte aus dem Supermarkt als Schablone. Haben Sie keine Samentüte zur Hand finden Sie hinten im Buch auf dem Plakat eine entsprechende Vorlage zum Kopieren oder Ausschneiden.

SCHRITT 2

Damit die Schablone stabil wird, verstärken Sie diese mit Papier oder Karton. Dazu die Vorder- und Rückseite der Schablone mit dem Klebestift bestreichen, auf das Papier aufkleben und zuschneiden.

SCHRITT 3

Zeichnen Sie die Umrisse der Schablone mit dem Bleistift auf die Rückseite des Geschenkpapiers.

SCHRITT 4

Nun darf gefaltet werden! Falten Sie die linke Seite ohne Falz auf die rechte Seite. Anschließend die Falzstellen nach oben falten, mit Kleber bestreichen und festdrücken.

SCHRITT 5

Schneiden Sie mithilfe der Etikettenvorlage (ebenfalls auf dem Plakat) Etiketten aus Papier aus. Verzieren und beschriften Sie diese mit den Filzstiften. Zum Schluss kleben Sie die Tüte mit Washi Tape zu.

Bohnen Kraut
Phacelia 2013
Jungfer im Grünen
Dill 2012
Kapuziner Kresse 2013

SETZLINGE *vorziehen*

Nun wissen Sie zwar jede Menge über Saatgut, aber wie schafft man es, daraus eine Pflanze zu ziehen? Zeit für diese erste Gartenarbeit wird es ab Mitte März. Auf jeder Saatgutpackung finden Sie genaue Informationen, wann der richtige Zeitpunkt für das Vorziehen in der Wohnung oder für das Aussäen im Freiland ist.

GEFÄSSE FÜR SETZLINGE

Anzuchttöpfchen können Sie ganz leicht selbst herstellen. Die Materialien haben Sie wahrscheinlich sogar schon zu Hause. Die Zeitung von letzter Woche, eine leere Milchtüte, Plastikschalen oder Eierkartons sind schnell zu kleinen Anzuchttöpfchen umfunktioniert. Selbermacher-Projekte finden Sie ab Seite 24.

Damit die Samen unter optimalen Bedingungen gedeihen, verwenden Sie am besten Anzuchterde (siehe Seite 14/15). In ihr finden sich keinerlei Rückstände von anderen Pflanzen, keine Mikroorganismen oder Pilzsporen. Aufgrund der Keimfreiheit und der wenigen Nährstoffe erhöht ihr Einsatz die Wahrscheinlichkeit, dass die Samen gut keimen und sich zu kräftigen Pflänzchen entwickeln.

SETZLINGE PIKIEREN

Sind die Samen zu kleinen Pflänzchen herangewachsen, ist es Zeit sie zu pikieren, man nennt dies auch vereinzeln. So können sie optimal weiterwachsen. Pikieren bedeutet, die Pflänzchen, die zu dicht stehen, auf mehrere Töpfe zu verteilen. Sobald Ihre Setzlinge drei bis vier Blätter ausgebildet haben und sich in die Quere kommen, ist es Zeit, ihnen ein eigenes Zuhause zu geben. Ansonsten wird es auf Dauer zu eng und die Pflänzchen behindern sich gegenseitig beim Wachsen. Mit den wenigen Nährstoffen, die in der Anzuchterde enthalten sind, geht das nicht lange gut. Lässt man die Setzlinge bis zum Auspflanzen in der Anzuchterde, schießen diese in die Höhe, werden schwach und extrem anfällig für Krankheiten.

DAS BRAUCHEN SIE ZUM PIKIEREN

Setzlinge in Anzuchttöpfchen, Pikierstab, Blumenerde, leere Joghurt- und Sahnebecher, kleine Tontöpfe.

SO GEHT'S

Vereinzeln Sie die kleinen fragilen Pflänzchen möglichst vorsichtig. Das geht am besten mit einem Pikierstab. Stechen Sie mit seiner dünnen, stumpfen Spitze in das Anzuchttöpfchen und heben Sie die Pflänzchen behutsam an. Nehmen Sie das Pflänzchen mit etwas Erde an den Wurzeln heraus. Stechen Sie in einen mit Blumenerde gefüllten Tontopf mithilfe des Pikierstabs ein Loch vor. Setzen Sie das Pflänzchen hinein und drücken Sie die Erde leicht fest.
Nach einigen Tagen haben sich die Setzlinge gut vom Pikieren erholt. Damit Ihre Pflanzen keinen Frischluftschock erleiden, empfiehlt es sich, die Setzlinge an warmen Frühlingstagen auf den Balkon zu stellen. Am besten an einen windgeschützten Schattenplatz. Abends dürfen die Setzlinge wieder zurück in die kuschlige Wohnung. Frost würden die kleinen Pflänzchen nicht überstehen. Um den Transport zu erleichtern, stellen Sie die Töpfchen am besten in eine Obstkiste. Übrigens: Auch direkt ins Freiland gesäte Samen müssen vereinzelt werden. Nur so erhält man starke und gesunde Pflanzen. Stehen die Möhren zu dicht und die Radieschen streiten auch schon um den besten Platz? Auch wenn es schwer fällt – hier muss vereinzelt werden!

HINWEIS

Die zarten Blättchen müssen nicht unbedingt auf dem Kompost landen. In einem Frühlingssalat machen sich die frischen Triebe viel besser!

DIY

ANZUCHTTÖPFCHEN
aus Zeitungspapier

Kennen Sie das? Die Zeitung ist gerade in den Briefkasten geflattert, aber Sie sind noch nicht mal dazu gekommen, die Zeitung von vergangener Woche zu lesen? Lassen Sie doch Ihre Samen ein wenig im aktuellen Tagesgeschehen oder im Sportteil schmökern!

MATERIAL

Zeitungspapier

Glasflasche, Ø etwa 5 cm

Gartenschnur

Schere

Anzuchterde

Saatgut

SCHRITT 1

Eine Zeitungsdoppelseite zwei- bis dreimal falten, sodass ein etwa 10 cm breiter Streifen entsteht.

SCHRITT 2

Nun die Flasche auf den Streifen legen und einen unteren Rand von 1,5 cm bis 2 cm stehen lassen. Das offene Ende des Streifens zeigt zum Flaschenhals. Die Flasche einrollen.

SCHRITT 3

Den überstehenden Rand nun zu einem Boden falten. Die Kanten dabei fest umschlagen. Ist der Boden gefaltet, stellen Sie das Ganze auf einen festen Untergrund und drücken den Boden gut fest.

SCHRITT 4

Binden Sie die Gartenschnur mittig um das Anzuchttöpfchen und ziehen Sie die Flasche aus dem Papier.

SCHRITT 5

Füllen Sie die Töpfchen mit Anzuchterde. Nun können Sie Samen aussäen. Die Töpfe auf einen Untersetzer stellen. Dazu eignet sich eine mit Zeitungspapier ausgelegte Obstkiste. Anschließend alles gut gießen.

Sind die Pflanzen groß genug, können sie zusammen mit dem Zeitungspapier eingepflanzt werden.

DIY

MINI-Gewächshaus

Plastik ist als Verpackungsmaterial leider oft unumgänglich. Egal, was man im Supermarkt kauft, man kommt daran meist nur schwer vorbei. Aber es gibt eine sinnvolle Art, mit dem Plastikmüll umzugehen. Leere Salatschalen eignen sich beispielsweise hervorragend für die Aufzucht von Samen.

MATERIAL

2 leere Plastikschalen

Anzuchterde

Saatgut

SCHRITT 1

Füllen Sie die Plastikschale gleichmäßig mit Anzuchterde. Lassen Sie einen Rand von etwa 2 cm frei.

SCHRITT 2

Jetzt kann schon ausgesät werden! In diesem Mini-Gewächshaus fühlen sich alle Samen pudelwohl. Egal, ob Mangold oder Ringelblumen.

SCHRITT 3

Bedecken Sie die Samen mit einer dünnen Schicht Erde und setzen Sie den Deckel auf. Zum Schluss die Aussaat noch mit einem feinen Wasserstrahl anfeuchten.

SO FUNKTIONIERT'S

Stellen Sie das Mini-Gewächshaus auf die Fensterbank. Dank der Abdeckung sammeln sich darin Wärme und Feuchtigkeit. Dadurch keimen die Samen schneller. Auch die Gefahr, dass die Samen austrocknen, ist geringer, da durch die Abdeckung das Wasser nicht verdampfen kann.

DIY

ANZUCHTTÖPFCHEN
aus Eierkartons

Ein Frühstücksei oder ein Omelett sind nicht nur ein leckerer Start in den Tag. Die Eierschalen lassen sich super als Anzuchttöpfchen verwenden. Also nicht ab in den Biomüll mit den Schalen, sondern ausgespült mit Wasser wieder zurück in den Eierkarton.

MATERIAL

leere Eierkartons

Eierschalen

Anzuchterde

Saatgut

SCHRITT 1

Entfernen Sie den Deckel vom Eierkarton und stellen Sie ihn unter den Boden des Kartons. So dringt kaum Nässe durch den Eierkarton.

SCHRITT 2

Legen Sie die Eierschalen in den Karton und füllen Sie diese mit Anzuchterde.

SCHRITT 3

Geben Sie nun das Saatgut in die Erde und bedecken Sie es leicht mit Erde. Stellen Sie den Eierkarton am besten auf die warme Fensterbank.

Um den Überblick nicht zu verlieren, empfiehlt es sich, die einzelnen Anzuchttöpfchen mit Pflanzschildern zu versehen. Anleitungen hierfür finden Sie auf Seite 28/29.

DIY

PFLANZENSCHILDER *aus Milchtüten*

Milchtüten sind wahre Recyclingkünstler! Mit wenig Aufwand lassen sich daraus handliche und wasserabweisende Pflanzenschilder basteln. Nach der Aufzuchtsaison können die Schilder dann getrost in den Mülleimer wandern. Für den Sommer im Freien gibt es robuste Pflanzenschilder aus Holz.

MATERIAL

leere, saubere Milchtüten

Schere

wasserfester Stift

SCHRITT 1

Schneiden Sie die Milchtüte in der Mitte mit der Schere durch.

SCHRITT 2

Nun die beiden Hälften in etwa 1,5 cm dünne Streifen schneiden. Deckel und Boden der Milchtüte können Sie entsorgen.

SCHRITT 3

Schon sind die Schildchen fertig und können beschriftet werden. Notieren Sie nicht nur die Pflanze, sondern die genaue Sorte und das Aussaatdatum.

Möchten Sie Ihren Schildern besondere Formen geben, finden Sie Vorlagen hierfür auf dem Plakat hinten im Buch.

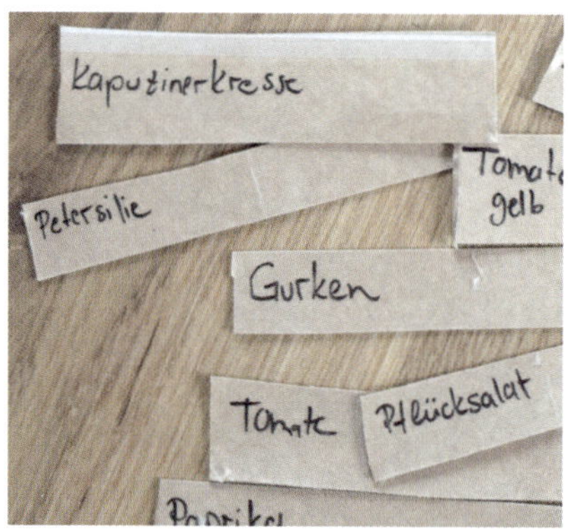

DIY

PFLANZENSCHILDER *aus Holz*

Gerade für die Aussaat direkt im Topf oder im Balkonkasten eignen sich wetterfeste Pflanzenschilder aus Holz besonders gut. Auf diesen können Sie festhalten, was sich im Topf versteckt und sich erst in ein paar Wochen zeigen wird. Die Holzschilder sind nicht nur informativ, sondern auch schöne Dekoobjekte.

MATERIAL

Holz-Pflanzenschilder in verschiedenen Größen, z. B. 20 cm lang und 2,5/1,5 cm breit

bunte Acrylfarben

Pinsel

wasserfeste Stifte

SCHRITT 1

Bemalen Sie eine Holzseite gleichmäßig mit Acrylfarbe. Achten Sie darauf, auch die Kanten ausreichend mit Farbe zu bedecken.

SCHRITT 2

Wenn alle Pflanzenschilder auf der einen Seite bemalt sind, muss die Farbe gut trocknen. Bemalen Sie anschließend die Rückseite und lassen Sie die Farbe abermals trocknen.

SCHRITT 3

Notieren Sie mit einem wasserfesten Stift den Namen oder die Sorte der jeweiligen Pflanze. Ein zusätzliches Muster oder eine verschnörkelte Schriftart machen die Holzschilder zu einem wahren Hingucker!

Sie können natürlich auch andere Materialien außer Holz und Milchtüten für Pflanzenschilder verwenden. Für verschiedene Formen finden Sie Vorlagen auf dem Plakat hinten im Buch.

EIN ZUHAUSE *für Pflanzen*

Wir Menschen fühlen uns in einer geräumigen, hellen und hübsch dekorierten Wohnung pudelwohl. Egal, ob Maisonette-Wohnung, WG-Zimmer oder Apartment – für uns gibt es je nach Lebenslage eine passende Immobilie.

Pflanzen haben ebenfalls einige Ansprüche an ihr Zuhause. Unsere grünen Untermieter bevorzugen die unterschiedlichsten Behausungen. Aber auch die Beschaffenheit Ihres Balkons spielt bei der Wahl der Pflanzgefäße eine entscheidende Rolle. Mit ein paar cleveren Ideen können Sie den begrenzten Platz, der Ihnen zum Gärtnern zur Verfügung steht, kreativ nutzen!

DER PASSENDE TOPF
für jede Pflanze

Bei der Wahl der Pflanzgefäße müssen Sie die verschiedenen Bedürfnisse der Pflanzen berücksichtigen. Zur Orientierung kann man sagen, je größer und tiefer das Gefäß, umso weniger müssen Sie gießen und düngen. Wichtig sind zudem Drainagelöcher am Boden der Gefäße. Sie sorgen dafür, dass überschüssiges Gießwasser abfließen kann und das Verfaulen der Wurzeln verhindert wird. Legen Sie den Boden des Gefäßes zusätzlich mit kleinen Kieselsteinen oder Tonscherben aus.

WELCHE PFLANZE BRAUCHT WELCHES BEHÄLTNIS?

15–20 cm Durchmesser, 10–15 cm Tiefe
Ein typischer Balkonkasten hat eine Tiefe von 15 cm. Das ist genau richtig für Kräuter wie Basilikum, Petersilie, Thymian, Rosmarin und Schnittlauch sowie Pflücksalat, Feldsalat, Erdbeeren, Radieschen und Zwiebeln.

25–30 cm Durchmesser, 20–30 cm Tiefe
Karotten, Mangold, Rote Bete und Buschtomaten benötigen mehr Platz und brauchen Gefäße, die mindestens 25 cm breit und 20 cm tief sind. Ebenfalls wohl fühlen sich darin Kapuzinerkresse, Bienenweide und Paprika.

40–50 cm Durchmesser, 40–50 cm Tiefe
Platz da! Nun kommen Zucchini, Kürbis, Bohnen, Gurken und Erbsen. Auch Strauchtomaten und Auberginen bevorzugen große Gefäße. In einer Weinkiste oder in einem Hochbeet gedeihen diese Sorten besonders gut.

Natürlich können Sie Ihre Pflanzen auch in kleinere Gefäße setzen, allerdings ist dann der Ertrag entsprechend geringer. Die Pflanze hat wenig Platz zum Wachsen und die Nährstoffzufuhr ist durch die wenige Erde entsprechend begrenzt.

BAUEN, WAS DAS ZEUG HÄLT

Pflanztöpfe kann man überall kaufen. Aber selbst eine Unterkunft für Ihre Pflanzen zu bauen ist doch etwas ganz anderes! Wenn die kleine Tomate, die Sie selbst aus einem Samenkorn aufgezogen haben, auch noch ein handgefertigtes Pflanzgefäß von Ihnen bekommt, kann sie gar nicht mehr anders, als Ihnen den Sommer über wundervolle rote Früchte zu schenken.
Und denken Sie daran, Sie können alle Teile Ihres Balkons nutzen. Boden, Wände und Balkongitter – überall lassen sich mit etwas Fantasie Minibeete unterbringen. Jeder Balkon bietet andere Möglichkeiten, Pflanzen zu beherbergen.

RECYCELTE PFLANZGEFÄSSE

Bauen liegt nicht jedem und manchmal lässt es der hektische Alltag leider nicht zu, zu Bohrer und Hammer zu greifen. Aber auch für solche Fälle gibt es tolle Alternativen. In jedem Haushalt finden sich nämlich Dinge, die ganz leicht und ohne viel Aufwand zu einem Blumentopf oder einer Hängeampel umgemodelt werden können. Oft liegen die Blumentöpfe Marke Eigenbau regelrecht vor Ihren Füßen, nur wurden Sie bisher noch nicht darauf aufmerksam. Das wird sich ab nun ändern und Sie werden plötzlich an jeder Ecke ein potenzielles Pflanzgefäß entdecken.
Auf den nächsten Seiten finden Sie eine große Auswahl an selbst gebauten und gebastelten Pflanzgefäßen, die sich ganz individuell an Ihren Balkon anpassen lassen.

TIPP

Nutzen Sie einen Bummel über den Flohmarkt, um dort nach alternativen Pflanzgefäßen wie Töpfen, Teekannen, oder Schubladen Ausschau zu halten.

DIY

HOCHBEET *in Einkaufskisten*

Ein Hochbeet bietet reichlich Platz für Gemüse und Kräuter. Außerdem hat es eine gute Höhe, sodass Ihnen das lästige Bücken erspart bleibt. Fragen Sie Ihren Vermieter, ob Sie im Hinterhof ein Hochbeet anlegen dürfen. Wenn er Bedenken äußert, erklären Sie ihm, wie leicht sich das Beet bei Bedarf entfernen lässt – einfach wegtragen, so wie die Einkäufe, die vorher darin Platz gefunden haben.

MATERIAL

3 Einkaufskisten

Bohrer

Stroh

Tonscherben

Blumenerde

Kräuter oder Gemüsepflanzen

SCHRITT 1

Bohren Sie Abflusslöcher für das Gießwasser in den Kistenboden.

SCHRITT 2

Stapeln Sie die Einkaufskisten übereinander. Legen Sie den Boden der obersten Kiste 2–3 cm hoch mit Stroh aus und verteilen Sie einige Tonscherben darauf. Das dient später als Drainageschicht.

SCHRITT 3

Füllen Sie die oberste Kiste anschließend mit Blumenerde. Lassen Sie dabei etwa 15 cm Rand nach oben frei. Auch die Tragegriffe bleiben frei, damit hier keine Erde herausfällt. Nun können Sie Kräuter und Gemüse einpflanzen.

HINWEIS

Achten Sie bei den Einkaufskisten darauf, dass diese nur wenige bzw. ganz kleine Löcher haben. Andernfalls rieselt die feine Erde wieder heraus. Als Notlösung können Sie ein altes Bettlaken in die Kiste legen.

DIY

VERTIKALER *Kräutergarten*

Paletten sind als Baumaterial immer noch angesagt. Kein Wunder, aus ihnen lassen sich im Handumdrehen tolle Gartenmöbel oder Pflanzgefäße anfertigen. Fragen Sie am besten beim Baumarkt nach. Meistens gibt es dort eine Ecke mit beschädigten Paletten. Oft sind diese auch schon in der Mitte zerteilt – das ist noch besser für den Bau eines Vertikalgartens!

MATERIAL

Holzpalette

2 x 120-Liter-Müllbeutel

Tacker

Kaffeesack

etwa 45 l Blumenerde

Pflanzen, z. B. Kräuter, Erdbeeren oder Blumen

SCHRITT 1

Tackern Sie den Müllbeutel an die Rückseite der Palette.

SCHRITT 2

Trennen Sie nun den Kaffeesack auf, bespannen Sie damit die Rückseite der Palette und tackern ihn fest.

SCHRITT 3

Füllen Sie die Palette mit Erde. Dazu den Sack Erde langsam über der Palette auskippen, das Substrat verteilen und gut festdrücken, damit die Erde beim Gießen nicht herausgeschwemmt wird.

SCHRITT 4

Setzen Sie anschließend die Pflanzen ein. Besonders geeignet sind Kräuter, Erdbeeren und Pflücksalate sowie ein paar Blümchen als Farbtupfer.

SO FUNKTIONIERT'S

Gießen Sie die Pflanzen kräftig, bevor die Palette aufgestellt wird. Nun heißt es warten, bis das Wasser nach einigen Stunden komplett eingezogen ist. Richten Sie die Palette erst dann auf. Wird beim Gießen zu viel Erde hinausgeschwemmt, lassen Sie die Palette so lange horizontal liegen, bis die Pflanzen gut angewachsen sind. Das kräftige Wurzelwerk hält die Erde in der Palette.

WEINKISTE *bepflanzen*

DIY

Weinkisten sind sehr beliebte Deko-Objekte. In vielen Wohnungen findet man sie in der Küche als Geschirrablage oder im Wohnzimmer als Bücherregal. Doch auch auf dem Balkon lässt sich eine Weinkiste wunderbar nutzen. Weinkisten erhalten Sie an Marktständen, bei Blumenhändlern oder natürlich in Weinläden. Dort gibt es oft ausgediente, leicht demolierte Weinkisten kostenlos.

MATERIAL

Weinkiste

Kaffeesack

Schere

Tacker

Müllbeutel

Drainagematerial, z. B. Kies, Tonscherben

Blumenerde

Pflanzen

SCHRITT 1

Halbieren Sie den Kaffeesack, indem Sie an den dicken Nähten entlangschneiden.

SCHRITT 2

Legen Sie den Kaffeesack in die Kiste und befestigen Sie ihn mithilfe des Tackers am Boden und den Seiten. Achten Sie darauf, dass die Seiten der Kiste gut mit dem Kaffeesack bedeckt sind und bündig mit dem Holz abschließen.

SCHRITT 3

Um den Kaffeesack vor Feuchtigkeit zu schützen, bedecken Sie den Boden und die Seiten mit einem Müllbeutel. Befestigen Sie ihn ebenfalls mithilfe des Tackers. Lassen Sie oben einen Rand von etwa 10 cm frei. Somit ist der Müllbeutel später nicht mehr sichtbar.

SCHRITT 4

Nun kann die Weinkiste gefüllt werden. Legen Sie zunächst Scherben von zerbrochenen Tontöpfen oder Kieselsteine als Drinage in die Kiste und füllen Sie anschließend Erde ein. Dann kann die Kiste bepflanzt werden.

DIY

BALKONKASTEN
aus einer Obststeige

Obststände in der Stadt, die zu Beginn der Spargelsaison aufgestellt werden, bieten ihre Waren oftmals in kleinen Obststeigen an. Erdbeeren, Kirschen und Johannisbeeren folgen dem Spargel. Somit haben Sie das ganze Jahr über die Gelegenheit, eine hübsche Obststeige zu ergattern. In nur vier Schritten wird daraus ein neues Zuhause für Ihre eigenen Erdbeerpflanzen.

MATERIAL

Obststeige
Schere
alter Jutebeutel
3 Kabelbinder
Blumenerde
Pflanzen

SCHRITT 1

Entfernen Sie den Griff der Obststeige mithilfe der Schere.

SCHRITT 2

Schneiden Sie den Jutebeutel auf und breiten ihn in der Obststeige aus.

SCHRITT 3

Ziehen Sie die Kabelbinder durch die Hinterseite der Obststeige. Sie dienen der Befestigung des Kastens.

SCHRITT 4

Füllen Sie Erde ein und schlagen Sie dabei die überstehenden Enden des Jutebeutels nach innen um, er soll nicht mehr zu sehen sein, oder schneiden die Reste ab. Nun können die Pflanzen eingesetzt werden.
Befestigen Sie das Gefäß mit den Kabelbindern am Balkongeländer.

DIY

PFLANZEN *in Milchtüten*

Leere Milch- oder Safttüten haben Sie sicherlich in Hülle und F ülle zu Hause. Anstatt sie in den Müll zu werfen, finden sie ab sofort eine neue Verwendung in Ihrem Balkongarten. Damit lassen sich nämlich praktische Hängetöpfe für den Balkon basteln.

MATERIAL

saubere, leere Milchtüten

Cutter

hübsche Selbstklebefolie

Schere

Kabelbinder

Blumenerde

Pflanzen

SCHRITT 1

Schneiden Sie den oberen Teil der Milchtüte mit einem Cutter ab.

SCHRITT 2

Wickeln Sie die Selbstklebefolie um die Tüte herum, schneiden Sie sie entsprechend ab und kleben Sie sie auf. Ober- und unterhalb der Tüte sollen 2–4 cm Folie überstehen. Schneiden Sie die Ecken ein und klappen Sie die Folie an Boden und Öffnung um. Stechen Sie in den Boden einige Abflusslöcher.

SCHRITT 3

Je nachdem, woran Sie die Milchtüte befestigen möchten, schneiden Sie Löcher für die Kabelbinder ein. Zum Befestigen an der Balkonbrüstung reichen zwei Löcher für einen Kabelbinder, bei einer vertikalen Stange sollten es vier Löcher für zwei Kabelbinder sein.

SCHRITT 4

Ziehen Sie die Kabelbinder durch die Löcher. Nun können Sie die Tüte mit Erde füllen und bepflanzen. Probieren Sie aus, wie es Topftomaten, Chilis, Zitronenverbene oder Ysop darin gefällt.

SCHRITT 5

Hängen Sie die Tüten mithilfe der Kabelbinder auf und kürzen Sie die überstehenden Kabelbinderenden.

DIY

PFLANZEN *in Plastikflaschen*

Diese DIY-Idee eignet sich besonders gut für Pflanzenfreunde, die weder Balkon noch Fensterbrett haben. Den Hängegarten kann man einfach vor dem eigenen Fenster anbringen und schon hat man ein kleines Gärtchen in der Wohnung.

MATERIAL

2 saubere, leere Plastikflaschen

Schere oder Cutter

Bohrer

Gartenschnur

Klebeband

Blumenerde

Kräuterpflanzen, z. B. Rosmarin, Majoran

SCHRITT 1

Entfernen Sie die Etiketten und schneiden Sie die Flaschen in der Mitte durch. Für einen Hängegarten benötigen Sie zwei Flaschenhälse und einen Flaschenboden.

SCHRITT 2

Bohren Sie ein Loch in einen der beiden Deckel. So kann später überschüssiges Gießwasser abfließen.

SCHRITT 3

Nun müssen noch an den Seiten der drei Bauteile je zwei Löcher gebohrt werden. Lassen Sie dabei etwa 1 cm Abstand zum oberen Rand.

SCHRITT 4

Stellen Sie den Flaschenhals, dessen Deckel kein Loch hat, verkehrt herum in den Flaschenboden und ziehen Sie die Gartenschnur durch die Löcher. Hängen Sie das so entstandene Gefäß mithilfe von Klebeband am Fensterrahmen auf. Mit einer separaten Schnur platzieren Sie die zweite Flasche mit etwas Abstand darüber. Es ist wichtig, dass die Flaschen direkt übereinander hängen, sodass überschüssiges Gießwasser in die untere Flasche laufen kann.

SCHRITT 5

Jetzt können Sie Kräuterpflanzen in die beiden Flaschenhälse setzen.

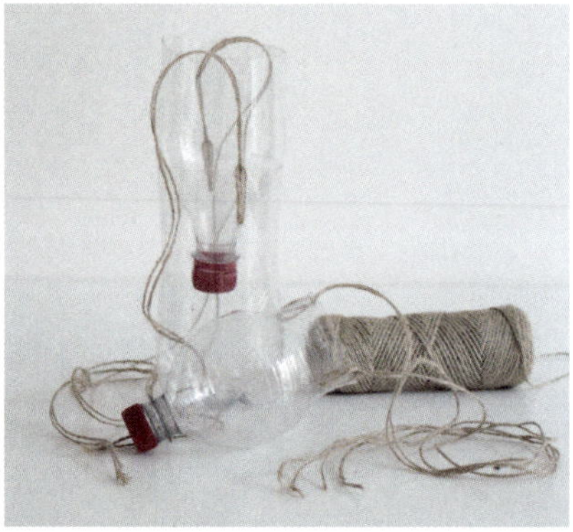

DIY

PFLANZENAMPEL *aus Konservendosen*

Sind alle vorhandenen Töpfe und Pflanzkübel besetzt, sind Konservendosen eine praktische Alternative. In nur wenigen Schritten baut man aus schnöden Dosen tolle Blumen- oder Gemüseampeln. Sie sind auch in der Küche ein wahrer Blickfang.

MATERIAL

saubere, leere Konservendosen

weiße Acrylfarbe

Pinsel

Zeitungspapier als Unterlage

wasserfester Stift

Bohrer

Kordel oder Stoffbänder

Blumenerde, Kies

Pflanzen

SCHRITT 1

Bemalen Sie die Dosen mit Acrylfarbe. Bei Konservendosen mit Aufdruck sind oft mehrere Anfstriche nötig. Lassen Sie die Farbe trocknen.

SCHRITT 2

Wer mag, kann die Dosen zusätzlich mit einem wasserfesten Stift verzieren. Versehen Sie nicht alle Dosen mit einem Highlight. Oft ist weniger mehr.

SCHRITT 3

Gegenüberliegend an zwei Seiten, in 1 cm Abstand zum oberen Rand, je ein Loch für die Aufhängung bohren. Ziehen Sie Kordel oder Bänder durch die Löcher und knoten Sie sie fest.

SCHRITT 4

Füllen Sie zuerst eine Schicht Kies und dann Erde in die Dosen. Jetzt können Sie Ihre neue Pflanzenampel nach Herzenslust bepflanzen.

DIY

KARTOFFELN *im Reissack*

Kartoffeln sind aus der deutschen Küche kaum mehr wegzudenken. Ab sofort sind sie auch auf Ihrem Balkon ein absolutes Muss! Mit einem Reissack – aus einem Asia-Laden oder Thai-Restaurant – als Pflanzgefäß ist eine reiche Kartoffelernte garantiert.

MATERIAL

Reissack

etwa 40 l Blumenerde

keimende Saatkartoffeln (siehe Seite 51)

SCHRITT 1

Krempeln Sie die Öffnung des Reissacks ein wenig um und bedecken Sie den Boden 15–20 cm hoch mit Erde.

SCHRITT 2

Legen Sie die Kartoffeln mit den Keimspitzen nach oben auf die Erde und bedecken Sie diese mit einer dünnen Schicht Erde. Gerade so viel, dass die Kartoffeln nicht mehr hervorspitzen. Gießen nicht vergessen.

SCHRITT 3

Je nach Wetterlage lassen sich nach etwa zwei Wochen jede Menge Blätter blicken. Bedecken Sie diese wieder mit Erde. Wiederholen Sie den Vorgang so lange, bis der Sack voll Erde ist. Ab jetzt dürfen die Blätter unbedeckt bleiben.

ERNTEHINWEIS

Erst wenn sich das Grün im Spätsommer braun färbt und vertrocknet, sind die Kartoffeln erntereif. Eine Bauernregel besagt, dass die Kartoffeln noch zwei bis drei Wochen in der Erde bleiben sollten, bevor sie geerntet werden.

DIY

PFLANZGEFÄSS *für Faule*

Basteln, bauen, hämmern und sägen liegt nicht jedem. Oder haben Sie gerade einfach viel zu viel um die Ohren? Kein Problem, wandeln Sie im Handumdrehen einen Sack Blumenerde zum Blumentopf um. So einfach kann Gärtnern sein!

MATERIAL

1 Sack Blumenerde

ggf. Hülle für den Sack (z. B. alter Kopfkissenbezug, Tragetasche, leerer Sack etc.)

scharfes Messer

Saatgut oder Setzlinge

SCHRITT 1

Stülpen Sie die Hülle über den Sack. Sie dient lediglich als Verschönerungsmaßnahme, um darin den Sack Blumenerde zu verstecken.

SCHRITT 2

Mit dem Messer etwa 10 cm breite Pflanzschlitze in den Sack schneiden. Hier wurde ein 20-Liter-Sack mit acht Pflanzschlitzen versehen.

SCHRITT 3

Geben Sie nun das Saatgut in die Erde oder pflanzen Sie Setzlinge ein. Tomaten, Paprika, Basilikum, Kapuzinerkresse, Borretsch, Kosmeen und Ringelblumen werden Ihren Blumenerdensack in wenigen Wochen völlig überwachsen.

WELCHE PFLANZEN *sind balkontauglich?*

Welche grünen oder bunten Bewohner sollen jetzt in all die Töpfe, Kisten und Kästen hinein? Als Einsteiger ist es ganz gut, wenn Sie sich nicht zu viel auf einmal zumuten. Beginnen Sie lieber langsam und feiern Sie die kleinen Erfolge. Vielleicht probieren Sie in Ihrem ersten Gartenjahr Tomaten, Radieschen, Salat und ein paar Kräuter aus. Hat das gut funktioniert, dürfen im nächsten Sommer Paprika, Bohnen und weitere Balkonbewohner, die Ihnen zusagen, Einzug halten.

DIE QUAL DER *Pflanzenwahl*

Jede Pflanze ist anders und einzigartig. Sie machen einem schöne Augen, lassen ab und an auch mal die Blätter hängen, imponieren mit farbenfrohen Früchten und Blüten oder haben einfach gar keine Lust, es sich gut gehen zu lassen. Falls es mit einem der zarten Pflänzchen nicht so gut geklappt hat, geben Sie nicht auf. Vielleicht läuft es im darauffolgenden Jahr an einem anderen Standort besser. Vieles ausprobieren, neugierig und geduldig sein – das gehört zum Gärtnern einfach dazu. Oft sind es die Pflanzen, die uns diese Eigenschaften lehren. Beim Gärtnern werden Sie schnell merken, dass die Pflanzen das Sagen haben. Manchmal passiert es, dass man mit einer Einkaufsliste in die Gärtnerei fährt und dann doch mit der hübschen Kletterrose nach Hause kommt, obwohl man gar nicht weiß wohin mit ihr. Oder man tut alles für die kleine Buschtomate und am Ende mag sie dennoch nur drei Früchte tragen. Nehmen Sie es nicht zu persönlich, wenn es mit manchen Pflanzen nicht auf Anhieb klappt. Es wird ein unvergleichliches Erlebnis, wenn Sie sich für den Anbau und damit das Zusammenleben mit Pflanzen entscheiden.

NÄHRSTOFFBEDARF

Am besten erzielen Sie Erfolge – und leckere Früchte –, indem Sie die Anforderungen der jeweiligen Pflanzen an Standort, Pflege und Nährstoffbedarf kennen und auch berücksichtigen. Nutzpflanzen lassen sich anhand ihres Nährstoffbedarfs gut unterteilen und zwar in Mittel-, Stark-, und Schwachzehrer. Bei dieser Einteilung wird vor allem der Bedarf an Stickstoff betrachtet.

SCHWACHZEHRER

Sie kommen bestens auf mageren Böden zurecht. Je weniger Dünger desto besser. Dem Boden wird nur wenig Stickstoff entzogen. Kräuter sind typische Schwachzehrer. Setzt man diese in eine Kiste mit reichhaltiger Erde, verfärben sie sich braun und gehen im schlimmsten Fall sogar kaputt. Hier gilt also: Weniger ist mehr.

MITTELZEHRER

Wie der Name schon sagt, sind sie genau das Zwischending aus Schwach- und Starkzehrer. Es reicht, wenn Sie die Erde für Ihre Mittelzehrer zu Beginn mit ein wenig Kompost und Hornspänen – einem organischen Stickstoffdünger, der aus den Hörnern von Schlachttieren gewonnen wird – versehen. Eine erneute Düngung ist während des Jahres nicht mehr nötig. Möhren, Erdbeeren, Zwiebeln, Pflück- und Kopfsalat gehören zu den Mittelzehrern.

STARKZEHRER

Tomaten, Paprika, Kürbisse, Kohl – sie alle brauchen sehr viele Nährstoffe. Reichern Sie die Blumenerde daher mit ordentlich Kompost und Hornspänen an. Während des Jahres muss unbedingt mit organischem Dünger für neue Power in der Erde gesorgt werden. Dazu eignet sich auch das Gießen mit Brennnesseljauche. Wie Sie diese ganz leicht herstellen können, erfahren Sie auf Seite 68.

AUF GUTE NACHBARSCHAFT

Wir fühlen uns wohl, wenn vom Balkon gegenüber der nette Nachbar winkt und die beste Freundin gleich nebenan wohnt. Leben befreundete und nette Menschen in unserer unmittelbaren Umgebung, so geht es uns einfach ein Stückchen besser. Den Pflanzen geht es mit ihresgleichen ganz ähnlich. So gibt es Gemüsearten, die sich blendend verstehen, weil sie zum Beispiel die gleichen Ansprüche an den Boden stellen oder der Duft der Nachbarpflanze Schädlinge fernhält. Über wie unter dem Boden gibt es gute wie schlechte Nachbarpflanzen. So passen beispielsweise Ringelblumen, Kosmeen und Tagetes gut zu jeder anderen Pflanze und sorgen dafür, dass diese gesund und munter bleiben.

NUTZPFLANZEN *für Einsteiger*

Tomaten

Beschreibung: Für den Anbau in Gefäßen eignen sich am besten kompakt wachsende Buschtomaten, die nur 30–50 cm hoch werden und keinen Stützstab brauchen. Die Farb- und Formenvielfalt reicht von rot, gelb, grün, orange bis gescheckt und von rund, oval, tropfenförmig bis knubbelig.

Standort: Sonnig, je mehr Sonne, desto besser; zudem sollte der Platz regen- und windgeschützt sein.

Anbau: Ab Mitte März in der warmen Wohnung vorziehen (helles Fenster); nach etwa zwei bis drei Wochen pikieren und kühler stellen. Ab Mitte Mai können die Pflanzen nach draußen umziehen.

Pflege: Ausreichend gießen, dabei nicht die Blätter benetzen (begünstigt die Braunfäule). Der Starkzehrer benötigt zum Start eine Handvoll Kompost und 1 EL Hornspäne, im Sommer mit Brennnesseljauche gießen.

Ernte: Reif sind die Früchte, wenn sie schön durchgefärbt sind; nach und nach pflücken, leicht drehen.

Gute Partner: Möhren, Radieschen, Basilikum, Pfefferminze

Paprika

Beschreibung: Gemüsepaprika mit ihren roten, orangen, gelben oder lilafarbigen, fleischigen Früchten schmecken mild. Wer es feurig mag, pflanzt die schärferen länglichen Peperoni und Chili. Je nach Art und Sorte werden die Pflanzen 30–120 cm hoch.

Standort: Die wärmeliebenden Pflanzen brauchen einen sonnigen Platz, z. B. auf der Südseite. Am besten stehen sie auch vor Regen und Wind geschützt.

Anbau: Ab April drinnen vorziehen, nach etwa vier Wochen pikieren und ab Mitte Mai ins Freie pflanzen. Hohe Sorten brauchen eine Stütze.

Pflege: Nur von unten gießen, vor dem Fruchtansatz sparsam, zum Reifen der Früchte dann mehr. Ausreichend mit Nährstoffen versorgen (siehe Tomaten), da Paprika Starkzehrer sind.

Ernte: Alle Sorten werden zuerst grün und können dann schon geerntet werden. Ihre endgültige Farbe erreichen sie ungefähr vier Wochen später.

Gute Partner: Möhren, Tomaten, Kohlarten wie Brokkoli, Salate

Bohnen

Beschreibung: Buschbohnen werden bis zu 60 cm hoch und brauchen keine Stütze. Mit den rasch und schlingend wachsenden Stangen- und Feuerbohnen können Sie einen essbaren Sichtschutz kreieren.

Standort: Alle Bohnen benötigen einen warmen, sonnigen, windgeschützten Platz. Buschbohnen vertragen auch leichten Schatten.

Anbau: Ab Ende Mai draußen säen, sie brauchen zum Keimen jedoch mindestens 10 °C. Die Kerne nicht tiefer als 2 cm in die Erde stecken, denn für die Keimung wird Sauerstoff benötigt.

Pflege: Für die Schwachzehrer ist keine weitere Düngung nötig. Bohnen leben in Symbiose mit Knöllchenbakterien, die Stickstoff aus der Luft anreichern. Stangen- und Feuerbohnen brauchen Rankhilfen zum Wachsen.

Ernte: Die reifen Hülsen mit einer Schere von der Ranke oder dem Strauch abschneiden. Bohnen sind roh giftig, unbedingt vor dem Verzehr kochen.

Gute Partner: Tomaten, Radieschen, Mangold, Gurke, Bohnenkraut

Salat

Beschreibung: Salat gedeiht schon auf kleinstem Raum und ist ein idealer Topfbewohner. Zudem wächst er schnell und kann bereits sechs Wochen nach der Aussaat geerntet werden. Besonders gut eignen sich Pflück- und Schnittsalate sowie Rucola.

Standort: Salat mag volle Sonne, gedeiht aber auch im Halbschatten prächtig.

Anbau: Ab Mitte April kann ins Freie gesät werden, vorziehen ist nicht notwendig.

Pflege: Dem Mittelzehrer gibt man beim Vorbereiten des Gefäßes etwas Hornspäne in die Erde, das reicht aus. Regelmäßiges Gießen ist wichtig, damit die Blätter schön zart und mild bleiben.

Ernte: Pflücksalate werden von außen nach innen abgeerntet, das Herz bleibt stehen. Am besten ernten Sie morgens. Man schneidet einzelne Blätter mit der Schere ab, stärkere auch zu mehreren zusammen. Bildet der Salat Blütenstände, wird er bitter.

Gute Partner: andere Salate, Möhren, Tomaten, Zwiebeln, Bohnen, Radieschen, Dill

Möhren

Beschreibung: Es gibt speziell für den Anbau im Topf gezüchtete Sorten, z. B. Chantenay. Diese bleiben etwas kürzer und brauchen keine allzu tiefen Gefäße. Reizvoll sind auch lilafarbene Möhren.

Standort: bevorzugt sonnig bis halbschattig

Anbau: Es gibt frühe, mittelfrühe und späte Sorten. Je nach Sorte kann bereits im März oder erst im Mai mit der Aussaat begonnen werden. Am besten in Reihen säen. Die jungen Pflanzen ausdünnen.

Pflege: Den Boden sollte man nicht zu stark düngen, denn die Möhre ist ein Mittel- bis Schwachzehrer. Eine Handvoll Sand im Topf mag sie gern. Die Möhrenfliege, ein Schädling, der seine Eier in kleine Bodenritzen nahe der Möhre ablegt, kann lästig werden. Die Larven fressen die Möhre von unten an. Pflanzen Sie Zwiebeln und Tagetes zur Vorbeugung zwischen die Reihen.

Ernte: Am besten einen Tag vor der Ernte die Möhren gut wässern, damit sie beim Herausziehen aus der Erde nicht abbrechen.

Gute Partner: Zwiebeln, Tomaten, Knoblauch

Radieschen

Beschreibung: Radieschen kann man im Gartenjahr als Erstes genießen. Es gibt sie in großer Vielfalt von Rot, Gelb, Weiß und Violett, zu rund oder länglich.

Standort: Sie mögen es sonnig, kommen aber auch mit etwas Schatten gut klar.

Anbau: Bereits ab Anfang März kann man direkt in Reihen in den Balkonkasten säen. Um die Keimung zu beschleunigen, legen Sie ein Vlies oder eine aufgeschnittene Plastiktüte über den Kasten. Den ganzen Sommer über können Sie alle zwei Wochen nachsäen.

Pflege: Eine Düngung ist für die Schwachzehrer nicht nötig. Wichtig ist das regelmäßige Wässern, damit die Knollen nicht pelzig werden.

Ernte: Radieschen sind wahre Sprinter in Beet oder Topf, schon nach vier Wochen ist es so weit. Die Radieschen zum Ernten am oberirdischen Teil festhalten und aus der Erde ziehen. Auch die jungen Blätter können nach etwa drei Wochen abgeerntet und in einem Salat verzehrt werden.

Gute Partner: Salat, Möhren, Tomaten, Mangold, Bohnen, Petersilie

Kartoffeln

Beschreibung: Bis zu 60 cm hoch wächst die Pflanze mit den schmackhaften Knollen. Kartoffeln benötigen hohe Gefäße oder Pflanzsäcke. Es gibt frühe, mittelfrühe und späte Sorten, fest oder mehlig kochende sowie welche mit gelber, roter oder violetter Schale.

Standort: bevorzugt sonnig

Anbau: Vor dem Pflanzen müssen Kartoffeln zwei bis drei Wochen antreiben. Dazu legt man sie in flache Kisten und stellt sie für zwei bis drei Wochen an einen hellen, kühlen Ort. Erst wenn sie Triebe zeigen, dürfen sie in die Erde. Man kann auch spezielle Saatkartoffeln kaufen. Weiteres zum Anbau lesen Sie auf Seite 42.

Pflege: Die Starkzehrer brauchen ausreichend Kompost und Hornspäne. Der Boden soll zwar feucht sein, Staunässe ist aber unbedingt zu vermeiden.

Ernte: Sobald sich das Laub im Spätsommer dunkel färbt und vertrocknet, sind die Kartoffeln erntereif. Die Erde sollte nicht mehr für andere Pflanzen verwendet werden, da sie stark ausgezehrt ist.

Gute Partner: Spinat, Pfefferminze

Zwiebeln

Beschreibung: Nicht nur die Knollen sind hervorragende Geschmacksgeber, auch die grünen Schlotten eignen sich, um Salat zu würzen. Der Zwiebelernte schadet es nicht, wenn Sie ab und an eine der Schlotten abschneiden, nur nicht übertreiben. Für die Topfkultur eignen sich auch Lauch- oder Etagenzwiebeln.

Standort: Zwiebeln lieben die Sonne, je mehr davon, desto wohler fühlen sie sich.

Anbau: Für den Balkon bieten sich Steckzwiebeln an, die ab März ausgebracht werden. Achten Sie darauf, die Zwiebel nur bis zu einem Drittel in die Erde zu stecken. Möchten Sie nur Schlotten, dürfen sie ganz in der Erde verschwinden.

Pflege: Gießen Sie die Zwiebeln nur mäßig. Zusätzliches Düngen ist bei diesem Mittelzehrer nicht nötig.

Ernte: Sie sind reif, wenn das Laub anfängt, abzuknicken und zu trocknen. Einfach herausziehen. Vor dem Einlagern müssen Zwiebeln gut trocknen, erst dann wird das Laub entfernt. Kühl lagern.

Gute Partner: Möhren, Kapuzinerkresse

Mangold

Beschreibung: Die Blätter des bis zu 60 cm hohen Blattgemüse schmecken ähnlich wie Spinat, die Stiele kann man dagegen wie Spargel zubereiten oder Sie verwenden das Blatt im Ganzen. Je nach Sorte färben sich die Blattstiele rot, orange, lila oder gelb. Man unterscheidet Sorten mit viel Blattmasse (Blattmangold) und welche mit kräftigen Stielen (Stielmangold).

Standort: bevorzugt sonnig bis halbschattig

Anbau: Ab Mitte April kann direkt in den Topf gesät werden. Auch das Vorziehen in der warmen Wohnung bietet sich um diese Zeit an.

Pflege: Geben Sie dem Mittelzehrer ein wenig Kompost in den Topf. Immer gut gießen, damit die Blätter zart bleiben. Geschützt lässt er sich auch überwintern.

Ernte: Blattmangold ernten, wenn die Blätter etwa 15 cm hoch sind. Diese mit dem Messer einzeln knapp über der Erde abschneiden; sie wachsen nach. Beim Stielmangold die äußeren Blätter mit der Hand abbrechen. Junges Laub schmeckt auch roh als Salat.

Gute Partner: Radieschen, Bohnen

Monatserdbeere

Beschreibung: Ideal für den Balkon sind Monatserdbeeren. Sie tragen den ganzen Sommer über kleine, aber sehr aromatische Früchte.

Standort: Erdbeeren mögen es sonnig, kommen aber auch mit halbschattigen Plätzen klar.

Anbau: Ab Frühjahr kann man im Gartenfachhandel Pflanzen kaufen und einpflanzen. Es schadet nicht, die Erde mit Stroh abzudecken. So bleibt der Boden feucht und die Früchte werden nicht schmutzig.

Pflege: Für den Mittelzehrer reicht es, beim Eintopfen etwas Kompost dazuzugeben. Eine gute Wasserversorgung wirkt sich positiv auf das Aroma und die Größe der Früchte aus. Am Ende der Saison die Pflanzen zurückschneiden und an einem geschützten Platz, zugedeckt mit etwas Zeitung, überwintern. Im Frühjahr wieder für Nährstoffnachschub sorgen und nach zwei bis drei Jahren die Erde komplett erneuern.

Ernte: Die reifen Erdbeeren nach und nach vom Strauch zupfen und am besten frisch genießen.

Gute Partner: Zwiebel, Knoblauch, Petersilie

PFLANZEN *für Experimentierfreudige*

Für diejenigen unter Ihnen, die schon Einiges an Erfahrungen gesammelt haben, gibt es natürlich noch zahlreiche weitere Möglichkeiten, Ihren grünen Daumen unter Beweis zu stellen. Denn so viel ist sicher: Beim Gärtnern lernt man nie aus! Gerade das ist mitunter das Schöne an dieser Leidenschaft. Selbst nach Jahrzehnten gibt es immer noch Neues zu entdecken und dazuzulernen.

FEIGENBÄUMCHEN

Haben Sie bereits ein Feigenbäumchen auf Ihrer Veranda? Wenn nein, dann wird es höchste Zeit, in den Genuss frischer Feigen zu kommen. Für unser Klima ist die Bayernfeige Violetta ideal. Ab August bis hinein in den Herbst, trägt die Bayernfeige prall gefüllte lilafarbene Früchte. Die Schale ist so weich, dass man diese problemlos mitessen kann. Einen großen Topf mit nährstoffreicher Erde und viel Wasser – das braucht eine Feige. Ein paar Minusgrade kann Violetta gut wegstecken. Bei jungen Pflanzen ist es jedoch zu empfehlen, diese im Keller oder in der Garage zu überwintern. Nach zwei bis drei Jahren ist ein Rückschnitt nötig. Dieser sollte gleich nach der Ernte erfolgen.

KUMQUAT

Was duftet hier so gut? Es sind die kleinen weißen Blüten der Kumquat, die in einem Kübel auf dem Balkon steht. Die kleinen Früchte sind in ihrem Geschmack her vergleichbar mit Orangen. Das lästige Schälen entfällt zum Glück, denn Kumquats kann man sozusagen mit Haut und Haaren verputzen. Die kleinen Kumquats lassen sich für fruchtige Bratensoßen, Desserts oder Cocktails verwenden. Auch Marmelade können Sie daraus kochen.

Damit sich die Pflanze bei Ihnen wohlfühlt, ist es empfehlenswert, Zitruspflanzenerde aus dem Gartencenter zu verwenden. Diese ist schön durchlässig, sodass Wasser gut abfließen kann. Außerdem brauchen Kumquats mindestens ein- bis zweimal im Monat Dünger. Der Winter ist gar nichts für die wärmeliebenden Exoten, daher im Hausflur oder in einem hellen Kellerabteil überwintern.

STREUOBSTWIESE

Wie wäre es mit einer Streuobstwiese auf dem Balkon? Zugegeben, so viel Obst wie auf einer Wiese werden Sie wohl nicht anbauen können, aber für einen Zwergapfel oder eine Säulenkirsche findet sich bestimmt noch ein Plätzchen. Baumschulen oder gut sortierte Gartencenter bieten einige kleinwüchsige Obstbäumchen für die Kultur im Topf an. Damit Sie lange Freude mit Ihrem Bäumchen haben, ist eine ausführliche Fachberatung nicht verkehrt. Es gibt Spalierobst, Säulenbäumchen oder Zwergobst. Zur Auswahl der richtigen Sorte sowie zum Rückschnitt und zur Pflege sollten Sie sich vom Fachmann gut informieren lassen. Einer reichlichen Obsternte auf Ihrem Balkon steht dann nichts mehr im Wege.

DIE KLEINE *Kräuterkunde*

Herrlich, wie das duftet! Man streift im Vorbeigehen ein paar Zweige vom Salbei und steckt die Nase kurz in den Lavendel – die vielfältigen Gerüche der Kräuter sind Entspannung pur und wecken Erinnerungen in uns: an Mittelmeerurlaube, gutes Essen und laue Sommerabende. Kräuter betören uns nicht nur mit ihrem Geruch, sondern verleihen Speisen erst das gewisse Etwas. Doch nicht nur in der Küche sind Kräuter unabdingbar. Auf dem Balkon befindet sich ab nun auch Ihre Hausapotheke, denn gegen jedes Wehwehchen ist bekanntlich ein Kraut gewachsen.

BASILIKUM

Das Aroma des Basilikums ist aus keiner Sommerküche wegzudenken. Basilikum kann den ganzen Sommer über neu ausgesät werden, da es schnell nachwächst. Richtig abgeerntet – jeweils an den Blattachseln – hat es Zeit, sich von der Ernte zu regenerieren und neue Blätter auszubilden. Ab dem ersten Frost ist draußen Schluss mit der kälteempfindlichen Pflanze. Neben dem bei uns typischen Genoveser Basilikum gibt es viele weitere Sorten: Thai-, Zitronen-, Zimt- und Rotes Basilikum. Getrocknet oder gekocht büßt Basilikum an Aroma ein.

SCHNITTLAUCH

Als einer der Ersten spitzt im Frühjahr der mehrjährige Schnittlauch wieder aus dem Topf. Er übersteht den Winter problemlos. Als unkompliziertes Küchenkraut wächst er an sonnigen bis halbschattigen Plätzen und schon in kurzer Zeit ist der Topf zu klein. Durch Teilen mit dem Spaten kann man Schnittlauch problemlos vermehren. So können Sie z. B. einen Schnittlauchstock zum Ernten nutzen und ein anderer darf die essbaren Blüten ausbilden. Diese sind nicht nur in Blumensträußen hübsch anzusehen, sondern schmecken auch im Salat.

SALBEI

Den meisten ist Salbei gut bekannt als Halsbonbon. Doch der aus dem Mittelmeerraum stammende Halbstrauch kann noch viel mehr. Die Blätter des Echten Salbeis sind leicht behaart und olivgrün bis gräulich, die Blüten dagegen zart violett. In gut ausgewählten Kräutergärtnereien gibt es noch zahlreiche weitere Salbeiarten, die z. B. bunt schattierte Blätter aufweisen. Salbei lässt sich sehr leicht aus Samen vorziehen. Bei guter Pflege kann in nur wenigen Sommern aus einer kleinen Pflanze ein großer Strauch werden. Ein Platz in der Sonne und trockener Boden sind die besten Voraussetzungen. Geerntet werden nur die Blätter. Am meisten Aroma haben diese vor der Blüte. Ein Rückschnitt erfolgt nach der Blüte. Hier darf ein Drittel der Stängel abgeschnitten werden. Hängen Sie diese als Sträußchen gebunden zum Trocknen auf. Im Winter macht es sich Salbei, eingepackt in Zeitung, an der Hauswand gemütlich. Ein Tee aus den Blättern gebrüht hilft gegen Verdauungsstörungen. Bei Entzündungen im Rachenraum schafft das Gurgeln mit kaltem Salbeitee Abhilfe. Ein Badezusatz aus den frischen Blättern mit ein paar Tropfen ätherischem Salbeiöl ist bei einer Erkältung sehr wohltuend.

THYMIAN

Thymian ist bereits seit dem Mittelalter ein beliebtes Heil- und Küchenkraut. Vor allem Erkrankungen der Atemwege, wie Husten und Bronchitis, werden durch das ätherische Öl gelindert. Ein Tee aus den Blättern lässt sich im Nu zubereiten. Auch ein Bad mit Thymian- und Salbeiblättern lindert Husten und entspannt die Glieder. In der Küche würzen die Zweige Fisch, Fleisch und Eintöpfe. Wie Rosmarin und Oregano ist Thymian typisch für die Mittelmeerküche. Ernten kann man bis in den Oktober. Dann geht es ab ins geschützte Winterquartier.

TIPP

Wer den Geschmack von Knoblauch mag, jedoch nicht den eher unangenehmen Geruch nach dem Essen, der sollte den mehrjährigen Schnittknoblauch anbauen.

Basilikum

Salbei

Schnittlauch

Thymian

PFEFFERMINZE

Die ätherischen Öle machen die erfrischend duftende und schmeckende Pfefferminze zu einem beliebten Kraut gegen Erkältungskrankheiten. Bei Verdauungsproblemen lindert ein Pfefferminztee die Beschwerden. In der Küche wird Pfefferminze vor allem bei Nachspeisen oder Dips verwendet. In einem sommerlichen Cocktail wie Mojito oder Caipirinha darf sie auch nicht fehlen. Pfefferminze ist ein Kraut, das zu den Mittelzehrern gehört und daher bereits beim Einpflanzen in den Topf Nährstoffe braucht. Auch nach dem Rückschnitt schadet die Gabe eines organischen Flüssigdüngers nicht.

ROSMARIN

Streift man einen Rosmarinstock, so verbreitet er im Nu seinen mediterranen Duft. Ein paar Zweige geben einer Bolognese den entscheidenden Pfiff und Rosmarinkartoffeln sind zusammen mit einem Dip eine köstliche Mahlzeit. Falls Sie an niedrigem Blutdruck und Kreislaufproblemen leiden, hilft ein belebendes Rosmarinbad. Damit Sie lange Freude an Ihrem Rosmarin haben, pflanzen Sie den Schwachzehrer in lockeren, leicht steinigen Boden. Leider ist der ursprünglich aus dem Mittelmeergebiet stammende Rosmarin nicht winterhart. Vor Minustemperaturen sollte er daher geschützt werden. Entweder gut eingepackt an der Hauswand oder, noch besser, im kühlen Keller oder einer Garage überwintern.

LAVENDEL

Lavendel verströmt einen betörenden Duft, der beruhigend und entspannend wirkt. Ein Lavendelsträußchen auf dem Nachttisch fördert einen erholsamen Schlaf. In der Küche bieten sich die essbaren Blüten als Deko auf Nachspeisen oder zum Aromatisieren von Zucker an.
Optisch überzeugt Lavendel durch intensiv violette bis bläuliche Blüten und silbrige Blätter. Der anspruchslose Südländer mag es eher mager und trocken, er liebt ein sonniges Plätzchen. Ein ordentlicher Rückschnitt erfolgt nach der Blüte. Im Frühjahr kann nochmals leicht nachgeschnitten werden. Überwintern lässt sich Lavendel problemlos in einer geschützten Ecke des Balkons.

ZITRONENMELISSE

Die erfrischend-zitronigen Blättchen passen prima in einen Salat, eine selbst gemachte Limonade oder sind eine schmackhafte Deko für Nachspeisen. Zitronenmelisse ist auch für ihre beruhigende Wirkung bekannt. Badezusätze aus ihren Blättern, kurz vor dem Zubettgehen angewendet, helfen gegen Nervosität und Unruhe. Da sich Zitronenmelisse mit der Zeit ausbreitet, ist es ratsam, sie in einen größeren Kübel zu setzen. Ein sonniges Plätzchen, regelmäßiges Gießen und jährliches Düngen sind die wichtigsten Pflegemaßnahmen. Damit die Melisse gut nachwachsen kann, sollten Sie nicht einzelne Blätter, sondern ganze Triebe ernten. Nach der Blüte ist ein kräftiger Rückschnitt wichtig. Den Winter verbringt sie an der Hauswand.

PETERSILIE

Egal, ob damit gewürzt oder nur der Tellerrand verziert wird, – keine Küche kommt ohne Petersilie aus. Viel aromatischer als die überwiegend anzutreffende Krause Petersilie ist allerdings die Glatte Petersilie. Zwar bekommt man in beinahe jedem Supermarkt Petersilie im Topf, doch diese ist nicht sehr robust. Besser ist es, Petersilie selbst auszusäen. Schon im April können die vorgezogenen Pflanzen auf den Balkon. Dort steht das Küchenkraut am liebsten im Halbschatten. Im Winter können Sie sich den Topf einfach in die Küche auf die Fensterbank holen.

OREGANO

Nicht nur frisch schmeckt das „Pizzagewürz", getrocknet wird der Geschmack noch intensiver. Dazu Stängel vom Stock abschneiden, ein Sträußchen binden und zum Trocknen aufhängen. Bei einer Erkältung hilft ein Tee aus getrockneten Blättern, vier Tassen täglich trinken.
Wie die anderen Mittelmeerkräuter ist Oregano ebenfalls pflegeleicht und mag es sonnig. Staunässe vermeiden und nach der Blüte schneiden – schon klappt es mit dem Südländer. Bei der Aussaat ist zu beachten, dass es sich um einen Lichtkeimer handelt und die Samenkörner nicht mit Erde abgedeckt werden möchten. Im Winter zieht sich Oregano in seinen Topf zurück und verbringt die dunklen Monate an der Hauswand.

Pfefferminze

Zitronenmelisse

Rosmarin

Petersilie

Lavendel

Oregano

ZAUBERHAFTE *Blütenpracht*

Mit bunten Blüten lassen sich Highlights setzen, die jeden noch so kleinen Balkon in ein Farbenmeer verwandeln. Die Auswahl ist groß, doch einige Arten eignen sich besonders für den Stadtbalkon.

LÖWENMÄULCHEN

Von Mai bis spät in den Herbst hinein kann man sich an den farbenprächtigen Blüten des Löwenmäulchens erfreuen. Bis zu einen Meter hoch kann die eher anspruchslose Pflanze, die vor allem sonnige Standorte bevorzugt, werden. Für den Topf gibt es auch kleinere Sorten, die knapp 25 cm hoch werden und buschig im Wuchs sind.

GERANIEN

Diese Klassiker der Balkonblumen sind pflegeleicht, gedeihen an sonnigen, aber auch halbschattigen Plätzen und blühen in strahlenden Farben. Je mehr Sonnenstrahlen die Pflanze ergattert, desto üppiger wird die Blütenpracht. Geranien gibt es in zahlreichen Farbvarianten und Formen – hängend wie auch stehend. Noch dazu bietet der gut sortierte Gartenfachhandel Duftgeranien, die nach Zitrone, Schokolade oder Apfel riechen. Geranien können problemlos überwintert werden. Einfach zurückschneiden und über die kalten Monate ab in den Keller.

HORTENSIEN

Am besten gedeihen Hortensien an einem schattigen bis halbschattigen Standort, der regen- und windgeschützt ist. Sie sind in Lila, Pink, Weiß und Hellblau erhältlich. Gut über den Winter bringen Sie die Hortensie, indem Sie den Strauch mit Papier und Gartenvlies umwickeln und an die geschützte Hauswand stellen.

PHLOX

An den Blüten des Phlox, auch Flammenblume genannt, können Sie sich von Juni bis September erfreuen. Im Handel werden zahlreiche Phloxarten und -sorten angeboten. Für den Topf eignet sich am besten die Hohe Flammenblume, für den Balkonkasten der Polsterphlox. Stellen Sie die Pflanze an einen sonnigen bis leicht schattigen Standort. Flammenblumen sind winterhart. Ein Rückschnitt ist vor dem Überwintern nicht nötig.

OLEANDER

So schön Oleander mit seinen doldenartigen Blüten in Rosa, Weiß, Rot oder Gelb ist, leider ist diese mediterrane Kübelpflanze giftig. Wägen Sie dies vor der Anschaffung daher gut ab. Am wohlsten fühlt sich die Pflanze an einem sonnigen, warmen sowie wind- und regengeschützten Platz. Sie benötigt viel Flüssigkeit, gießen Sie an heißen Tagen am besten zweimal täglich. Oleander ist zwar frosttolerant, starken Frost oder Dauerfrost übersteht er jedoch nicht. Räumen Sie ihn erst im Spätherbst nach drinnen, am besten in ein helles, kühles Winterquartier. Bis dahin kann er gut eingepackt an der Hauswand stehen. Ein Rückschnitt ist übrigens nicht nötig.

SCHMUCKLILIEN

Die runden, blauen oder weißen Blüten zeigen sich zwischen Juli und August. Die kurze Blütezeit macht die Pflanze durch die geringen Ansprüche an die Pflege wett. Zudem ist ihr üppiges Blattwerk eine Zierde. Schmucklilien mögen es gerne sonnig bis halbschattig. Beim Überwintern drinnen ist zwischen immergrünen und einziehenden Sorten zu unterscheiden. Erstere brauchen es hell und leicht feucht. Sorten, die im Winter ihr Laub abwerfen, können im Dunkeln kühl und trocken überwintern.

Löwenmäulchen

Phlox

Geranien

Oleander

Hortensie

Schmucklilie

DIY

PERSÖNLICHES *Gartenbuch*

Zwar gibt es jede Menge Gartenbücher und Zeitschriften, aber in keinem stehen die Erfahrungen, die Sie selbst gesammelt haben. Es ist zwar für jeden Gartenfreund wichtig, sich ein wenig in die Fachliteratur einzulesen und sich vorab mit der jeweiligen Pflanze zu beschäftigen. Aber vor allem eigene Erfahrungen sind hilfreich für den erfolgreichen Anbau von Obst und Gemüse.

MATERIAL

Blankobuch

Geschenkpapier

Kleber

Schere

SCHRITT 1

Kaufen Sie sich ein dickes Blankobuch und einen Bogen hübsches Geschenkpapier. Anschließend breiten Sie alles vor sich aus, was Sie in den letzten Monaten oder Jahren gesammelt haben: Zeitschriften, Fotos, Rezepte, Postkarten, Flyer, Sticker, Etiketten, Washi Tape und was sich sonst noch in den Schubladen und Schachteln findet.

SCHRITT 2

Zuerst bekommt Ihr Gartenbuch einen hübschen Einband. Dafür ist das Geschenkpapier da. Legen Sie es mit der bedruckten Seite nach unten und nun das Buch darauf, um das Papier grob zurechtschneiden. Anschließend die überstehenden Seiten umschlagen und mit Kleber bestreichen. Kleben Sie nun jeweils die erste und die letzte Seite über das umgeschlagene Papier.

SCHRITT 3

Nun kann es losgehen. Schreiben Sie alles auf, was Sie rund um das Thema Garten für wichtig erachten.

DAS STEHT IN IHREM GARTENBUCH

Stand die Paprika zu schattig oder lag es am Wetter, dass es nur ganz kleine Früchte gab? All das lässt sich nur über die Jahre hinweg herausfinden. Ein eigenes Gartenbuch hilft, um aus den bisherigen Anbauversuchen zu lernen. Notieren Sie sich im Buch auch Ihre Lieblingsrezepte und schönen Erinnerungen. Fotos von gemeinsamen Grillabenden oder gepresste Blütenblätter bringen auch an kalten Wintertagen Sommergefühle zurück.

Es geht
im Leben auch
ohne Blumen,
aber nicht
so gut!

PFLANZEN-
pflege

Paprika & Co. benötigen zwar keine Cremes, Peelings oder Parfüms, doch eine gewisse Pflege wünschen sich auch Ihre Pflanzen. Aber was braucht eine Tomate oder eine Geranie, um glücklich und stets gut aussehend durch den Sommer zu kommen? Welke Blüten und Wurzeln, die sich bereits am Topfrand zeigen, sind nicht gerade schick. Lange macht das eine Pflanze sicherlich nicht mit und lässt die Blätter hängen oder stellt über kurz oder lang das Wachstum ein. Damit sich Ihre grünen Balkonbewohner rundum wohlfühlen, erhalten Sie im folgenden Kapitel exklusive Pflegetipps für Ihre Pflanzen.

RICHTIG *gießen*

Nicht nur für uns Menschen ist Wasser die Quelle des Lebens. Die Versorgung mit Wasser ist auch ausschlaggebend für ein langes und gesundes Pflanzenleben. Manche halten es vielleicht ein wenig länger mit trockengelegten Wurzeln aus oder mögen es grundsätzlich nicht so gerne, wenn oft gegossen wird. Aber das sind eher Ausnahmen, die vor allem bei Zierpflanzen vorkommen. Um den Wasserbedarf der vielen unterschiedlichen Balkonpflanzen abschätzen zu lernen, hilft ein Blick auf die Blätter. Sind diese dünn, großflächig und weich, so verdunstet das Wasser sehr schnell. Bei kleinen dicken und behaarten Blättern geht die Verdunstung dagegen wesentlich langsamer vonstatten. Natürlich spielt auch der Standort eine große Rolle. Auf einem Südbalkon verdunstet das Wasser wesentlich schneller als auf einem schattigen Nordbalkon. Je mehr Gärtnererfahrung Sie sammeln, desto besser lernen Sie die Pflanzenbedürfnisse kennen. Wenn Sie sich anfangs nicht sicher sind, ob eine Pflanze gegossen werden sollte oder eher nicht, so drücken Sie einen Finger in die Erde. Ist diese noch feucht, so braucht sie vorerst kein frisches Wasser.
Nehmen Sie sich Zeit beim Gießen. Hier bietet sich die Möglichkeit, Ihre Pflanzen genauer zu betrachten. Schließlich wird jedem noch so kleinen Topf ein Besuch abgestattet. Plötzlich entdeckt man die erste rote Tomate oder eine neue Rosenblüte. Zusätzlich besteht die Chance, Schädlinge frühzeitig ausfindig zu machen.

WASSER IST NICHT GLEICH WASSER

Womit gießt man das liebe Grünzeug eigentlich am besten? Hier gilt die Grundregel: Auch wenn es noch so heiß ist, kaltes Wasser vertragen Blumen ganz und gar nicht. Im Gegenteil: Sie bevorzugen abgestandenes lauwarmes Wasser. Am besten geeignet ist Wasser aus der Regentonne. Doch eine solche ist auf den wenigsten Balkonen vorhanden. Die meisten von uns müssen auf Leitungswasser zurückgreifen. Der Vorteil: Sie können die Temperatur beeinflussen. Lassen Sie das Wasser bis zum nächsten Gießen in der Gießkanne stehen. Das reicht zwar nicht für alle Balkonpflanzen, aber so kommen immerhin einige von ihnen in den Genuss von abgestandenem Wasser.

RICHTIGES GIESSEN

Gießen Sie möglichst so, dass nur die Erde nass wird und nicht die ganze Pflanze, sonst haben Krankheiten wie Mehltau leichtes Spiel. Dieser liebt feuchte Blätter. Die beste Tageszeit zum Gießen ist morgens. Auch für Sie selbst ist es ein entspannter Start in den Tag. An sehr heißen Tagen können Sie zusätzlich abends noch einmal gießen. Aber niemals übertreiben! Lieber ein bisschen weniger als zu viel. Es ist interessant zu wissen, dass die meisten Pflanzen nicht vertrocknen, sondern „ertrinken". Daher sollte überschüssiges Wasser immer abfließen können. Die Nässe sollte sich auf keinen Fall stauen. Wenn Sie Untersetzer verwenden, kippen Sie überschüssiges Wasser, welches nach einigen Stunden immer noch nicht aufgesogen wurde, wieder zurück in die Gießkanne.

WASSERVERSORGUNG IM URLAUB

Pflanzen sein Eigen zu nennen bringt eine gewisse Verantwortung mit sich. Bei der Planung eines Urlaubs kommt schnell die Frage auf „Wer kümmert sich um meine Pflanzen?". Für einen Wochenendausflug müssen Sie nicht unbedingt den Nachbarn fragen – es sei denn, das heißeste Wochenende des Jahres steht bevor. Ansonsten reicht es vollkommen aus, vor Ihrer Abreise kräftig zu gießen. Stellen Sie die Pflanzen in den Schatten oder spannen Sie den Sonnenschirm auf. Für besonders durstige Pflänzchen gibt es ein tolles DIY-Bewässerungssystem, das im Handumdrehen für Flüssigkeit sorgt.

BEWÄSSERUNGS-*system*

Ein Bewässerungssystem ist die perfekte Lösung für Wochenendausflügler. Nur wenige Handgriffe und Sie können beruhigt ein paar Tage wegfahren, ohne um das Wohl Ihrer Pflanzen zu fürchten.

MATERIAL

PET-Flasche (Größe je nach Wasserbedarf der Pflanze)

Bewässerungstonkegel

Bohrer oder spitzes Messer

SCHRITT 1

Füllen Sie die PET-Flasche mit Wasser und stecken Sie den Tonkegel auf den Flaschenhals.

SCHRITT 2

Nun die Flasche senkrecht in den Topf stecken und anschließend mit Bohrer oder Messer ein kleines Loch in den Flaschenboden schneiden.

KLEINES EINMALEINS
der Pflanzenpflege

Mit kleinen Handgriffen bleiben Blumen und Gemüse über Monate hinweg kräftig in Blüte und Frucht. Egal, ob gekauft, getauscht oder selbst aus einem Samenkorn gezogen – Pflanzen werden Ihr Herz im Sturm erobern. Da versteht es sich irgendwann ganz von selbst, dass diese nun gehegt und gepflegt werden. Vielleicht ist es nicht nur eine liebe Geste Ihren Pflanzen gegenüber, die vertrockneten Blüten abzuzupfen, sondern auch Balsam für Ihre Seele – hören Sie einmal in sich hinein. Nicht nur den Pflanzen tut die Pflege richtig gut.

VERBLÜHTE PFLANZENTEILE ENTFERNEN

Das ist eine Tätigkeit, die sich wunderbar beim täglichen Gießen erledigen lässt. Vor allem bei Phlox, Geranien und Oleander sollte man ein- bis zweimal wöchentlich die welken Blüten entfernen. Dazu mit der Hand die abgeblühten Pflanzenteile behutsam abzupfen und in die Kompostkiste werfen. So sehen Ihre Blumen nicht nur noch schöner aus, die Pflanze wird außerdem zur Neubildung von Blüten angeregt. In erster Linie dienen die hübschen Blüten nämlich der Samenbildung. Zupft man diese ab, versucht die Blume für Nachschub zu sorgen, um ihren Fortbestand zu sichern. Möchten Sie Saatgut gewinnen, dann sollten Sie noch vor Ende des Sommers das „Ausputzen" (so nennt man dieses Vorgehen in der Gartenfachsprache) einstellen, damit der Pflanze genug Zeit zum Ausbilden ihrer Samen bleibt.

KRÄUTER SCHNEIDEN

Wenn Sie Ihre Kräuter regelmäßig abernten, ist ein Rückschnitt nicht nötig. Ansonsten ist nach der Blüte genau der richtige Zeitpunkt, um Lavendel, Oregano & Co. kräftig zurückzuschneiden. Warten Sie damit nicht zu lange, denn so haben Sie die Chance auf eine weitere üppige Ernte und eine neue Blütephase im gleichen Jahr.

DÜNGEN

Je nachdem welchen Nährstoffbedarf die jeweilige Pflanze hat (siehe Kapitel 3), freut sie sich ab und an über ein wenig Dünger. Besonders Starkzehrer brauchen jede Menge Power, um den ganzen Sommer über leckere Früchte zu produzieren. Setzen Sie am besten eine Brennnesseljauche (siehe Seite 68) an. Gut sortierte Gartencenter oder Baumärkte bieten auch Biodünger an.

UMTOPFEN

Lass mich hier raus – brüllt die Hortensie. Zugegeben, es wäre manchmal zu schön, wenn wir so deutliche Worte von unseren Pflanzen zu hören bekämen. Aber so einfach machen sie es uns natürlich nicht. Eine Pflanze braucht einen neuen Topf, wenn:

- sich die Wurzeln bereits am Topfrand zeigen oder durch die Abzugslöcher kriechen.
- die Pflanze schon seit einigen Jahren den gleichen Topf bewohnt und die Blätter aufgrund der verbrauchten nährstoffarmen Erde beginnen, gelblich zu werden.
- die Erde im Kübel ganz fest und verdichtet ist, sodass kaum mehr Wasser durchkommt.

HOCHBINDEN

Bläst starker Wind oder prasselt heftiger Regen auf die Pflanzen, kann es leicht passieren, dass diese ein wenig aus der Form geraten. Eilen Sie ihnen mit ein wenig Gartenschnur und einem Stützstab zu Hilfe. Lagern Sie für solche Anlässe ein paar Bambusstäbe. Stecken Sie einen Bambusstab in den Kübel. Mit der Gartenschnur einmal um die Pflanze gehen und sie leicht am Bambusstab anbinden. Auch für Paprika oder Tomaten, die unter der Last ihrer noch unreifen Früchte umzuknicken drohen, ist eine Stütze eine große Erleichterung.

DIY

BRENNNESSEL-*jauche*

Nicht nur Kompost ist ein hervorragender Dünger. Zwischendurch ist eine Gießkanne mit einem Schuss Brennnesseljauche ein wunderbarer natürlicher Starkmacher für Ihre Pflanzen.

MATERIAL

Handschuhe

etwa 25 große Brennnesseln

Gartenschere

10-Liter-Plastikeimer mit Deckel

1 Handvoll Gesteinsmehl

SCHRITT 1

Ziehen Sie die Handschuhe an und sammeln Sie etwa 25 große Brennnesseln.

SCHRITT 2

Zerschneiden Sie die Stiele, sodass sie in den Eimer passen.

SCHRITT 3

Geben Sie eine Handvoll Gesteinsmehl hinzu. Das verhindert, dass die Jauche zu stark riecht. Ein leicht unangenehmer Geruch lässt sich nicht vermeiden.

SCHRITT 4

Füllen Sie den Eimer komplett mit Wasser auf. Falls Ihnen Regenwasser zur Verfügung steht, verwenden Sie dieses.

SCHRITT 5

Setzen Sie den Deckel auf den Eimer, stellen Sie ihn an ein schattiges Plätzchen und lassen Sie die Jauche drei Wochen ziehen. Nehmen Sie alle zwei Tage den Deckel ab und rühren Sie kurz um.

SO WIRD DIE JAUCHE ANGEWENDET

Vor allem Starkzehrer wie Paprika, Kartoffeln, Tomaten, Zucchini und Kürbis freuen sich, ein- bis zweimal pro Woche mit der Jauche gedüngt zu werden. Geben Sie hierfür eine Tasse Jauche in eine aufgefüllte Gießkanne. Das Mischverhältnis sollte 1:10 betragen. Nun die Pflanzen wie gewohnt gießen.

PFLANZEN *vermehren*

Kräuter, Stauden und Knollen lassen sich super vermehren! In Zukunft müssen Sie keine neuen Pflanzen mehr kaufen, sondern werden zu Ihrem eigenen Gartencenter. Es gibt unterschiedliche Techniken, um Pflanzen zu vermehren. Welche Sie anwenden, hängt von der jeweiligen Pflanze ab. Stauden wie Phlox, Taglilien oder Astern lassen sich gut durch Teilung vermehren. Lavendel, Rosmarin oder Oleander vervielfältigt man am besten durch Stecklinge. Bei Dahlien dagegen, die zu den Knollenpflanzen gehören, kann man die Knollen vorsichtig per Hand in einzelne Teilstücke trennen und wieder einsetzen. Näheres zu einzelnen Pflanzen finden Sie in Kapitel 3 ab Seite 48.

STAUDEN TEILEN

Stauden sind sehr dankbare Balkonbewohner. Diese mehrjährigen, krautigen Pflanzen sind winterhart, robust und in der Pflege relativ anspruchslos. Sie treiben jährlich aus und erfreuen Ihr Herz jeden Sommer aufs Neue. Stauden eignen sich somit sehr gut zur dauerhaften Bepflanzung Ihres Balkons. Der richtige Zeitpunkt, um Stauden zu teilen, ist direkt nach der Blüte. Der Pflanze bleibt so ausreichend Zeit, um anzuwachsen, kräftig zu werden und gut über den Winter zu kommen. Bei Stauden, die bis in den Herbst hinein blühen, ist es besser, mit der Vermehrung bis zum nächsten Frühjahr zu warten.

SO GEHT'S

1. Heben Sie die Pflanze vorsichtig aus dem Topf. Sind die Wurzeln fest verwoben, drücken Sie den Topf, um die Seiten zu weiten. Notfalls müssen Sie mit einem Brotmesser um den Rand des Gefäßes herum schneiden.

2. Teilen Sie die Pflanze mithilfe des Messers. Schneiden Sie die grünen Pflanzenteile eine gute Handbreit zurück. Auch der Wurzelballen wird zurückgeschnitten. Das Abschneiden der ober- und unterirdischen Pflanzenteile regt das Wachstum an. Aber nicht zu viel abschneiden.

3. Topfen Sie die neuen Stauden einzeln ein. Zum Verschenken die Wurzelballen zum Transport in Zeitungspapier wickeln. So halten sich die Pflanzen ein paar Tage.

VERMEHRUNG ÜBER STECKLINGE

Eine weitere Möglichkeit neue Pflanzen heranzuziehen ist die Vermehrung über Stecklinge. Verholzende Kräuter wie Lavendel, Rosmarin oder auch Geranien lassen sich auf diese Weise prima vermehren. Die richtige Zeit dafür ist im August.

TIPP

Stecklinge können auch ganz ohne Erde starten. In einem Glas Wasser treibt Oleander oder Salbei neue Wurzeln.

SO GEHT'S

1. Schneiden Sie mit einem scharfen Messer etwa 10 cm lange, gut ausgereifte einjährige Triebe von der jeweiligen Pflanze ab. Entfernen Sie die Blätter im Bereich, der später in die Erde kommt.

2. Mischen Sie Erde und Sand im Verhältnis 1:1 und befüllen Sie damit kleine Tontöpfe.

3. Setzen Sie den unbeblätterten unteren Teil der Stecklinge in die Erde und gießen Sie diese leicht an.

4. Als Verdunstungsschutz sollten Sie anschließend eine Plastiktüte über die Töpfe stülpen und gegebenenfalls fixieren. Nach ungefähr sechs Wochen haben die Stecklinge gut gewurzelt und können in größere Gefäße umgetopft werden.

SCHÄDLINGE *und Krankheiten*

Ihre Pflanzen müssen sich gegen jede Menge Feinde verteidigen. Vorbeugen lautet daher die Devise. Es gibt einige Regeln, die Sie zum einen aus Liebe zu Ihren Pflanzen beachten sollten und zum anderen, um sich unnötige Arbeit und Ärger zu ersparen:

- Lassen Sie ausreichend Platz zwischen den einzelnen Töpfen, damit die Luft gut zirkulieren kann und keine Feuchtigkeit an den Blättern haften bleibt.
- Achten Sie auf die individuellen Wasseransprüche jeder Pflanze. Staunässe ist definitiv ein No-Go.
- Achten Sie schon beim Kauf auf widerstandsfähige Sorten, die weniger anfällig für Krankheiten sind.
- Kaufen Sie nur gesunde Pflanzen. Werfen Sie daher im Gartencenter einen Blick unter die Blätter oder nehmen Sie die Pflanze aus dem Topf, um zu prüfen, ob sich hier Schädlinge eingenistet haben.
- Die Mischung macht's: In einer Monokultur wird eine Pflanze viel schneller schlapp und träge als in einer aufregenden Mischkultur.
- Schauen Sie sich Ihre grünen Mitbewohner beim Gießen gut an – so erkennen Sie Krankheiten und Schädlingsbefall frühzeitig.
- Nicht zu viel düngen! Der Stickstoff zieht Blattläuse an.

Blattläuse

ERSTE HILFE

Manchmal helfen jedoch auch die ausgefeilteste Mischkultur und der beste Standort nicht gegen die hinterlistigen Schädlinge. Dann heißt es schnell sein, damit die Übeltäter nicht noch mehr Schaden anrichten. Das bedeutet, stark befallene Triebe direkt abschneiden und in den Müll werfen. Auf dem Kompost besteht die Gefahr, dass sich die Schädlinge wohlfühlen und sich ausbreiten. Lässt es der Wuchs der Pflanze zu, kann diese im ersten Schritt auch kräftig mit einem Schlauch abgespritzt werden oder darf kurz unter die Dusche. Ist Ihr Balkon groß genug, so ist es ratsam, die betroffenen Pflanzen weit weg von den anderen zu stellen, damit sich die gesunden Pflanzen nicht anstecken.

OHNE CHEMIE

Führt das alles nicht zum Erfolg, wird mit selbst gemischten Sprays und Auszügen Blattläusen, Spinnmilben und Mehltau der Kampf angesagt.

SCHMIERSEIFEN-SPRAY

Der Albtraum aller Blattläuse! Mischen Sie 1 TL Schmierseife mit einem Liter Wasser. Täglich aufsprühen, bis der Befall sichtbar zurückgeht.

KNOBLAUCHTEE

Das ist die Wunderwaffe gegen Pilzerkrankungen wie Mehltau. Zerkleinern Sie eine große Knoblauchzehe und geben Sie diese in einen Topf mit einem Liter Wasser. Einmal aufkochen und anschließend für einen Tag ziehen lassen. Die betroffenen Stellen damit dreimal wöchentlich behandeln. Kein Wunder, dass Krankheiten das Weite suchen – der Geruch des Tees ist nicht gerade angenehm. Aber im Freien verfliegt das Knoblaucharoma schnell.

MILCH

Falls Sie den Knoblauchtee nicht auf sich nehmen möchten, hilft auch eine Mischung aus Milch und Wasser im Verhältnis 1:1. Das Lecithin in der Milch bekämpft den Pilz. Zwei- bis dreimal in der Woche aufsprühen.

BRENNNESSELAUSZUG

Hilft gegen Blattläuse und stärkt die Abwehrkräfte der Pflanzen. Falls Sie eine Brennnesseljauche ansetzen (siehe Seite 68), kann diese ebenfalls als Spritzmittel eingesetzt werden. Dazu reicht es aus, wenn die Blätter der Brennnessel ein bis zwei Tage im Wasser eingelegt wurden. Diese Flüssigkeit hilft prima, um den Blattläusen den Garaus zu machen.

Mehltau

TIERISCHE HELFER

Nicht nur selbst gemischte Spritzmittel helfen gegen die Pflanzensaft-Sauger. Auch Marienkäfer, Schweb- und Florfliegen sind zuverlässige Helfer im Kampf gegen Schädlinge. Während Sie gemütlich beim Abendbrot sitzen, saugen die Marienkäfer genüsslich die Blattläuse aus. Falls nur wenige Nützlinge auf Ihrem Balkon anzutreffen sind, können Sie im Gartencenter oder in diversen Onlineshops ein Starter-Set kaufen. Umgedrehte Töpfe mit Stroh oder Holzwolle gefüllt sind eine beliebte Unterkunft für Ohrwürmer, die Blattläuse vertilgen. Lassen Sie diese auch über den Winter stehen, um ihnen Schutz zu bieten.

Marienkäfer

TIPP

Großeltern haben meist ein paar hilfreiche Tipps auf Lager. Diese Generation kennt noch viele nützliche Hausmittel gegen Pflanzenschädlinge.

WINTERFEST *machen*

Auch der schönste Sommer ist irgendwann vorbei, die Tage werden kürzer und das Grün nimmt ab. Damit Ihr Balkon nächstes Jahr wieder zur grünen Oase wird, geht es ans Überwintern der verschiedenen Pflanzen. Alle, die im Topf draußen bleiben, möchten eingepackt werden: mit Zeitungspapier, Gartenvlies oder Luftpolsterfolie.

WÄRMEPOLSTER

Der überwiegende Teil Ihrer Pflanzen kann ohne Probleme auf dem Balkon überwintern. Alle Kübel, die nicht zu schwer sind, rücken Sie nah an die Hauswand. Das bietet Schutz vor Wind und Kälte. Zusätzlich dürfen Sie nun Ihre Verpackungskünste zeigen. Dazu ist jede Menge Zeitungspapier oder auch Haushaltspapier gut sowie Verpackungsmaterial wie Luftpolsterfolie oder alte Jutesäcke. Im Gartencenter finden Sie zudem Gartenvlies und spezielle Hauben inklusive dekorativer Schleifen. Packen Sie die Kübel gut mit Luftpolsterfolie ein, damit der Wurzelballen nicht durchfriert. Stellt man die Gefäße etwas erhöht, z. B. auf Holzleisten oder Styropor, hilft das gegen kalte Füße. Bei empfindlichen Gehölzen schützt man die oberirdischen Teile mit Gartenvlies oder Jute, welche gut mit einer Schnur befestigt werden müssen. Bei kleineren Töpfen kommt das Zeitungspapier zum Einsatz. Denken Sie beim Verpacken daran, ein Loch zum Gießen frei zu lassen. Auch im Winter brauchen die Pflanzen Wasser. Zwar nicht viel, aber austrocknen dürfen sie dennoch nicht. Gießen Sie nur an frostfreien Tagen.

SENSIBLE PFLÄNZCHEN

Extrem frostempfindliche Pflanzen können nicht im Freien bleiben. Sie verbringen den Winter lieber im kühlen Keller oder im Treppenhaus. Geheizte Räume sind nicht geeignet. Pflanzen, die den Winter im Keller oder in der Garage verbringen sollten, sind Rosmarin, Feigenbäumchen, Kumquat, Geranien, Dahlien, Schmucklilie, Zitronenbäumchen, Fuchsien und Oleander.

BALKONPFLEGE

Doch nicht nur die Pflanzen wollen auf den Winter vorbereitet werden. Sind alle Balkonbewohner gut verpackt und die einjährigen auf dem Kompost oder in der Biotonne entsorgt, sind das Geländer und der Boden überwiegend freigelegt. Eine gute Gelegenheit, um sauber zu machen. Oft sind noch Pflanzenreste an der Brüstung oder es hat sich einfach Schmutz angesammelt. Schrubben Sie das Geländer mit einer Bürste gut ab. Holzboden ist dankbar für eine Behandlung mit Öl. So sieht er gleich wieder aus wie neu und hält Wind und Wetter besser stand. Balkonmöbel sind ebenfalls dankbar für eine gründliche Reinigung und etwas Pflegemittel und werden anschließend im Keller oder auf dem Dachboden verstaut.

DER FRÜHLING KOMMT

Neigt sich der Winter dem Ende zu, werden die Pflanzen langsam wieder an das Klima gewöhnt. An warmen Tagen die Verpackung abnehmen, abends aber wieder leicht überstülpen, falls es nachts noch einmal frostig wird. Leider klappt es nicht immer, alle Balkonbewohner gut über den Winter zu bringen. Ein gewisser Schwund ist normal. Manchmal ist es aber auch der Fall, dass das ein oder andere Kraut einfach ein wenig mehr Zeit braucht, um aus dem Winterschlaf zu erwachen. Also erst einmal abwarten, bevor Sie die betreffende Pflanze entsorgen.

TIPP

Mit einer Lichterkette, ein paar roten Schleifen und Kugeln wird aus dem kahlen Balkon auch im Winter ein schöner Ort.

DIE FRÜCHTE
Ihrer Arbeit ernten

Zugegeben, es ist ein langer Weg, bis Sie die ersten reifen Früchte von Ihren Pflanzen ernten können. Hinter Ihnen liegen unzählige Arbeitsstunden, Mühe, Geduld und Schweiß. Aber auch jede Menge Liebe, Freude und ein Gefühl der Zufriedenheit, das Sie so vielleicht schon lange nicht mehr verspürt haben. Doch die Arbeit hat sich gelohnt: Es darf geerntet werden! Die ersten reifen Gurken und Paprika werden Sie voller Stolz vom Strauch nehmen und genüsslich verspeisen. Damit Sie den ganzen Sommer über Gemüse aus eigenem Anbau verzehren können, gilt es, die Pflanzen richtig abzuernten. Schnell kann es passieren, dass Sie die vielen Früchte gar nicht alle sofort verwerten können. Dann heißt es einfrieren, einkochen, einlegen oder einwecken, damit auch noch im Winter der Sommer auf den Tisch kommt.

RICHTIGES *Ernten*

Wie bekommt man das Basilikumblatt vom Stängel und die Tomate vom Strauch? Häufig kommt es vor, dass eine Pflanze falsch abgeerntet wird und verzweifelt aufgibt. Das muss nicht sein! Mit ein paar einfachen Tricks ist das Ernten keine Belastung mehr für die Pflanzen, sondern eine Erleichterung, die das Wachstum sogar anregt.

KRÄUTER ERNTEN

Kennen Sie das: Das Basilikum aus dem Supermarkt lässt schon nach ein paar Tagen die Blätter hängen und geht ein. Das liegt meist an der falschen Erntetechnik. Rigoros wird mit der Schere hantiert und Stängel für Stängel abgeschnitten. Aber Basilikum (und auch Zitronenmelisse) will viel lieber an der Blattachsel abgeknipst werden – so wächst das nächste Blatt problemlos nach. Manche Kräuter wie Lavendel, Thymian und Oregano – also Kräuter mit eher kräftigen Stielen – sind etwas unempfindlicher und vertragen einen gröberen Rückschnitt, der gleichzeitig auch die Ernte darstellt.

GEMÜSE ERNTEN

Bei Gemüse gilt es, vorsichtig mit der Pflanze umzugehen und nicht an der reifen Frucht zu zerren. Mit ein wenig Gefühl an die Sache bzw. die Pflanze herangehen lautet hier die Devise. Paprika, Gurken und Chili lassen sich gut vom Strauch abdrehen. Die Frucht zwei- bis dreimal um die eigene Achse drehen und schon ist sie ab. Klappt das nicht, dann holen Sie die Gartenschere zu Hilfe und knipsen damit die Paprika vorsichtig ab. Gut aufpassen, dass keine unreifen Früchte Schaden nehmen.Wann und wie Sie eine Pflanze richtig ernten, ist ein großes Stück weit Erfahrung und ein wenig Geschmackssache. Manche bevorzugen lieber kleine kompakte Zucchini, andere wollen dagegen eine möglichst große Frucht ernten. Seien Sie experimentierfreudig und probieren Sie aus, wann Ihnen eine Frucht am besten schmeckt.

NOCH MEHR ERNTETIPPS

Möhren
Sobald der Möhrenhals ans Tageslicht tritt und sich grün färbt, darf geerntet werden. Bei Frühmöhren ist das nach 12–14 Wochen der Fall. Wer zarte kleine Möhren mag, erntet bereits nach sechs bis acht Wochen.

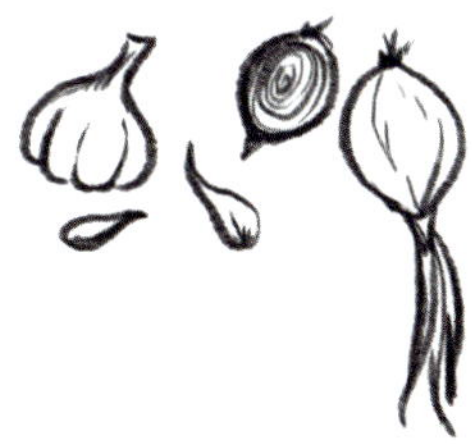

Zwiebeln und Knoblauch
Wenn sich braune Spitzen zeigen, ist es Zeit für die Ernte. Ziehen Sie die Zwiebeln vorsichtig aus der Erde und legen Sie diese zum Trocknen auf Zeitungspapier aus. Oder man flechtet sie zu Zöpfen und hängt sie zum Trocknen auf. Erst, wenn sich die Schale trocken anfühlt und raschelt, wird das Zwiebelgrün abgeschnitten.

Mangold
Richtig behandelt, garantiert Mangold eine lange Erntephase. Schneiden Sie immer nur die äußeren Blätter mit einem Messer ab. So wird das Wachstum angeregt. Ganz junge Blätter, wenn die Pflanze etwa 10 cm hoch ist, schmecken auch roh als Salatzugabe.

Schnitt-/Pflücksalat
Ähnlich wie bei Mangold sollten Sie bei diesen Salaten nur die äußeren Blätter ernten, das Herz bleibt stehen. So kommen Sie lange in den Genuss frischer Salatblätter.

Tomaten
Da es mittlerweile nicht nur rote Tomaten gibt, gilt hier darauf zu warten, bis die Frucht eine durchgängige Farbe angenommen hat. Hängen am Ende des Sommers noch unreife Früchte am Strauch, ernten Sie diese ab. Tomaten reifen wunderbar nach. Dazu die Früchte mit einem Handtuch zugedeckt in die Speisekammer stellen.

KRÄUTER *haltbar machen*

Wie sehnt man sich doch im Winter nach dem Geschmack des Sommers zurück, wenn alles Grau in Grau liegt und unsere Sinne nicht mehr vom Duft des Sommers umgarnt werden, sondern wir träge auf der Couch vor uns dahin vegetieren. Aber Hilfe naht! Mit einem Griff ins Vorratslager entfliehen Sie ab nun der Winterdepression. Im Kühlschrank, in der Speisekammer und im Küchenregal ist der Sommer nämlich in Form von Kräutereiswürfeln, Marmeladen und aromatischen Soßen konserviert. Bereits der Geruch lässt alle Erinnerungen an den vergangenen Sommer auf dem Balkon zurückkehren. Bewaffnet mit einer Gartenzeitschrift aus dem Sommer, einem Pfefferminztee und einem Marmeladenbrot ist der Winter im Kopf schnell besiegt. Vielleicht kommen Ihnen dabei auch schon Ideen für das kommende Balkonjahr. Schreiben Sie diese in Ihrem Gartenbuch (siehe Seite 60) nieder oder kleben Sie Bilder aus Zeitschriften ein.

KRÄUTER RICHTIG EINFRIEREN

Thymian, Rosmarin und Oregano lassen sich prima trocknen und verlieren dadurch nicht an Aroma. Ganz anders dagegen sieht es bei Schnittlauch, Petersilie und Basilikum aus. Zwar kann man die Kräuter trocknen, sie büßen dabei jedoch stark an Geschmack ein. Hier ist es sinnvoller, die Kräuter einzufrieren. So haben Sie sogar im Winter noch sommerliche Zutaten für Suppen und Soßen.

KRÄUTER TROCKNEN

Lavendel, Thymian, Rosmarin und Oregano geben getrocknet ihr volles Aroma ab. Besonders gut lassen sich diese Kräuter als Strauß trocknen. Schneiden Sie dazu möglichst lange Triebe von den Kräuterstöcken ab. Binden Sie diese mit ein wenig Gartenschnur zusammen und hängen Sie die Sträuße an einem trockenen Ort auf. Wenn die Kräuter rascheln, sind sie trocken und können von den Stängeln gerieben werden. Das geht am einfachsten, indem man den Strauß in eine Papiertüte legt. So lassen sich die Kräuter einfach und sauber von den Trieben reiben. Füllen Sie die abgeriebenen Blätter in ein Schraubglas, dort sind sie den Winter über haltbar.

KRÄUTER MIT SALZ KONSERVIEREN

Lebensmittel durch Salz haltbar zu machen, hat eine lange Tradition. Kräuter geben ihre ätherischen Öle und ihren herrlichen Duft an das Salz ab. Diese Eigenschaft lässt sich für die Herstellung von Bade- und Kräutersalz hervorragend nutzen. Für die Konservierung mit Salz eignen sich frische Kräuter genauso wie getrocknete. Zur Herstellung von Kräutersalz vermengen Sie grobes Meersalz oder Fleur de Sel mit zerkleinerten Kräutern wie Thymian und Rosmarin sowie mit Pfefferkörnern oder einer Chilischote. Lassen Sie das Kräutersalz 2–3 Wochen ziehen, so können die Kräuter ihr Aroma abgeben. Falls Sie frische Kräuter verwenden, sollten Sie das Salz innerhalb eines Jahres aufbrauchen.

DIY

KRÄUTER-*eiswürfel*

Im Winter können frische Kräuter aus dem Supermarkt richtig teuer sein. Was bietet sich da besser an, als selbst für den Wintervorrat zu sorgen? Alle Aromen des Sommers stecken schließlich in Ihren eigenen Kräutern. Außerdem kann man sicher sein, dass kein giftiges Spritzmittel und keinerlei Transportwege die Kräuter und die Umwelt belastet haben. Daher nichts wie ran an die Kräuter.

ZUTATEN

Eiswürfelform

frische Kräuter, z. B. Schnittlauch, Kapuzinerkresse, Basilikum oder Petersilie

Küchenmesser

Gefrierbeutel

SCHRITT 1

Schneiden Sie die gereinigten Kräuter klein und geben Sie diese in eine Eiswürfelform.

SCHRITT 2

Gießen Sie die Förmchen mit ein wenig Wasser auf und legen Sie die Eiswürfelform in den Gefrierschrank.

SCHRITT 3

Nach ein paar Stunden können Sie die Kräuterwürfel aus der Form holen und in Gefrierbeutel geben.

TIPP

Essbare Blüten, wie die von Lavendel, Gänseblümchen, Kapuzinerkresse oder auch Bio-Rosen, eignen sich ebenfalls hervorragend zum Einfrieren. Solche Blüteneiswürfel peppen, z. B. in Sekt (siehe Seite 114), jede Party auf.

DIY

LAVENDEL-kissen

Ein Lavendelkissen kann man immer gebrauchen. Im Kleiderschrank sorgt es für stets frischen Duft und unter dem Kopfkissen hilft es, leichter zur Ruhe zu kommen und gut zu schlafen. Für dieses DIY-Projekt müssen Sie nicht einmal Nadel und Faden herauskramen.

MATERIAL

Lavendelblüten

Stoffrest (oder schönes Stofftaschentuch)

Schere

hübsches Stoffband

SCHRITT 1

Entfernen Sie die Lavendelblüten von den Stängeln.

SCHRITT 2

Schneiden Sie ein Quadrat aus dem Stoffrest zurecht.

SCHRITT 3

Legen Sie die Lavendelblüten auf den Stoff und binden Sie das Duftpäckchen mit dem Stoffband zu.

DIY

RÄUCHERWERK „Liebeszauber"

Räuchern hat eine lange Tradition. Schon unsere Vorfahren haben in den dunklen Wintermonaten Kräuter, Rinde, Harze und Blätter geräuchert, um so böse Geister zu vertreiben und Gottheiten zu beschwichtigen. Heute versuchen wir damit vor allem, den bösen Dämon „Stress" zu vertreiben.

MATERIAL

Rosenblätter
Lavendelblüten
Glasgefäß
Räucherstövchen

SCHRITT 1

Trocknen Sie die Blütenblätter von stark duftenden Rosen und von Lavendel.

SCHRITT 2

Mischen Sie Rosen- und Lavendelblüten im Verhältnis 1:1. Füllen Sie die Mischung in ein luftdichtes Gefäß. So hält sich der herrliche Geruch bis zum nächsten Frühjahr.

SCHRITT 3

Geben Sie einen Teelöffel von der Mischung auf ein Räucherstövchen. In wenigen Minuten verbreitet sich in Ihrer Wohnung ein balsamisch lieblicher Duft, der den Sommer für kurze Zeit zurückholt.

TIPP

Versuchen Sie, ein kleines Räucherritual in Ihren Alltag einzubauen. Rituale sind gut gegen Stress und wenn es dann noch so gut duftet, können Körper und Geist gar nicht anders, als zur Ruhe zu kommen.

DIY

SUPPEN-*brühe*

Zwar gibt es Suppenbrühe günstig zu kaufen, jedoch weiß man nie so genau, was eigentlich alles darin enthalten ist. Gerade, wenn Sie auf künstliche Zusatzstoffe verzichten möchten, ist Selbstgemachtes immer noch am sinnvollsten. Denn wer versteht schon die vielen Zutatenbezeichnungen auf der Packungsrückseite?

ZUTATEN

2–3 Karotten
1 Stange Lauch
5 Stängel Petersilie
1 rote Zwiebel
3 getrocknete Tomaten
½ Knollensellerie
Meersalz
Küchenmesser
Mixer
Schraubgläser

SCHRITT 1

Schneiden Sie alle Zutaten klein und geben Sie diese zusammen mit dem Meersalz in den Mixer. Das Mischverhältnis von Gemüse und Salz sollte dabei 2:1 betragen.

SCHRITT 2

Füllen Sie die fertige Mischung in Schraubgläser und bewahren Sie diese im Kühlschrank auf. Kühl gelagert ist sie ein 1 Jahr haltbar.

DIY

BADESALZ „Happiness“

Immer wieder gibt es Tage, an denen man sich schlapp und müde fühlt. Und wenn dann auch noch das Wetter verrückt spielt, ist es am besten einen Spa-Tag einzulegen! Ein Wannenbad mit dem Wundermittel Zitronenmelisse lindert Kopf- und Magenbeschwerden und erfrischt gleichzeitig die Haut.

MATERIAL

5 große Blätter Zitronenverbene

10 Blätter Zitronenmelisse

Küchenmesser

500 g grobes Meersalz

luftdicht verschließbares Glas

SCHRITT 1

Zerkleinern Sie die Blätter von Zitronenverbene und -melisse und vermengen Sie diese mit dem Salz.

SCHRITT 2

Füllen Sie das Badesalz in ein Glas und lassen Sie es zwei Wochen lang stehen, sodass es gut durchziehen kann.

ANWENDUNG

Geben Sie einige Esslöffel Badesalz in das einlaufende Badewasser. Das Salz lässt sich auch als Peeling verwenden. Nehmen Sie hierfür eine Handvoll des Salzes und reiben Sie sich damit ab. Schon ist Ihre Haut wunderbar zart.

Zum Beschriften können Sie auch hier schöne Etiketten verwenden. Sie finden eine Auswahl zum Kopieren oder Ausschneiden auf dem Vorlagenplakat.

ÖLE & ESSIGE *herstellen*

Als Zusätze in Dressings verfeinern selbst angesetzte Essige und Öle Salate hervorragend. Je nachdem, ob Ihnen Balsamico-, Apfel- oder Weißweinessig besser schmeckt, wählen Sie Ihren jeweiligen Lieblingsessig als Grundlage aus. Das Gleiche gilt für Öl. Geschmäcker sind schließlich verschieden. Nicht nur Ihr Gaumen wird sich an den Ölen und Essigen erfreuen. Im Küchenregal sehen die unterschiedlichen und bunt gefüllten Flaschen noch dazu hübsch aus. Sehr wichtig ist, dass Sie vor dem Abfüllen immer gut darauf achten, dass alle Flaschen und Behälter absolut sauber und steril sind. Egal, ob Sie diese neu gekauft haben oder gebrauchte Gläser verwenden. Nur, wenn alles hygienisch einwandfrei ist, halten sich Essige und Öle und schimmeln nicht. Am besten Sie spülen alle Glasgefäße mit kochend heißem Wasser aus und lassen die Behältnisse komplett trocknen, bevor Sie sie befüllen.

DIY

HIMBEER-essig

Salatdressings oder ein Dessert werden mit Himbeeressig zum Geschmackserlebnis. Die leichte Süße mildert die Bitterkeit von bestimmten Blattsalaten und Rucola perfekt ab und lässt sich gut mit Ziegen- oder Schafskäse kombinieren. Hübsch verpackt ist er noch dazu ein besonderes Geschenk.

ZUTATEN

sterilisierte Glasflasche

frische Himbeeren

Essig

SCHRITT 1

Füllen Sie die Flasche bis oben mit Himbeeren. Dann füllen Sie mit Essig auf.

SCHRITT 2

Lassen Sie die Mischung zwei Wochen lang an einem dunklen Ort stehen. Das Glas einmal täglich leicht schwenken.

SCHRITT 3

Nach Ablauf der zwei Wochen seihen Sie den Essig durch ein Sieb, sodass keine Früchte mehr darin sind.

KAPUZINERKRESSE-
essig und -kapern

Wild rankt sie sich über den Balkon und trägt leuchtend gelbe und rote Blüten. Vom Stängel bis zur Blüte ist alles an ihr essbar und hat eine herrliche Schärfe. Legen Sie die Blüten, ein paar kleine Blätter und einige der noch grünen Samen in Essig ein. Dieser macht sich besonders gut in einem Salatdressing.

ZUTATEN

1 Handvoll Kapuziner-kresse-Blüten

Samenkapseln von Kapuzinerkresse

2–3 Kapuzinerkresse-blätter

Glasflasche

weißer Balsamicoessig

SCHRITT 1

Geben Sie die pflanzlichen Zutaten in die sterilisierte Flasche. Füllen Sie die Flasche anschließend mit dem weißen Balsamicoessig auf.

SCHRITT 2

Stellen Sie die Flasche zwei bis drei Wochen an einen dunklen Ort, damit der Essig gut durchzieht.

SCHRITT 3

Seihen Sie danach die Blüten ab. Die Samenkapseln können mit ein wenig Essig in ein kleines Glas gegeben werden. Diese lassen sich wie Kapern verzehren z. B. auf Pizza oder im Salat.

DIY

MEDITERRANES *Kräuteröl*

Solch ein würziges Öl eignet sich prima, um Fleisch- oder Gemüsebratlinge in der Pfanne zuzubereiten. Je nach den eigenen Vorlieben oder denen Ihrer Gäste können Sie das Rezept ganz leicht an Ihren Kräutergarten anpassen.

ZUTATEN

Salbei
Rosmarin
Pfefferkörner
Knoblauchzehe, optional
sterilisierte Glasflasche
Olivenöl

SCHRITT 1

Geben Sie die Kräuter und ein paar Pfefferkörner in eine Flasche. Wer mag, kann noch eine Knoblauchzehe hinzufügen. Gießen Sie alles mit Olivenöl auf.

SCHRITT 2

Lassen Sie die Mischung drei Wochen ziehen und nehmen Sie anschließend die Kräuter aus dem Öl.

TIPP

Sie mögen es scharf? Dann ist ein Chiliöl genau das Richtige für Sie. Zerkleinern Sie eine getrocknete Chilischote und geben Sie diese in eine Flasche. Mit Öl aufgießen und drei Wochen ziehen lassen.

GEMÜSE LAGERN *und einkochen*

Hat man es erst einmal geschafft, die leckeren Früchte und schmackhaften Kräuter richtig zu ernten, stellt sich schnell die Frage: „Was damit tun und wohin mit all den Köstlichkeiten?“ Im Hochsommer kommt man mit dem Verzehr kaum noch hinterher. Es herrscht ein richtiger Überfluss auf dem Balkon. Verschenken Sie doch einen Teil Ihrer Ernte an Arbeitskollegen und Nachbarn. Und für Ihre Freunde bereiten Sie ein leckeres Abendessen zu. Was dann noch übrig ist, wird konserviert. Einmachen, einkochen, einfrieren oder in Öl einlegen – es gibt viele Möglichkeiten, sich einen Vorrat anzulegen. Es muss also nichts verderben, sondern Sie können sich noch im Winter an Ihren eigenen Karotten erfreuen.

ÜBERWINTERN IM HOCHBEET ODER IM PFLANZGEFÄSS

Vor allem Wurzelgemüse kann man gut draußen, in einem Sandeimer oder im Hochbeet selbst, über den Winter bringen. Das geht besonders gut mit Karotten, Pastinaken, Rote Bete und Kartoffeln. Lassen Sie einfach einen Teil des Wurzelgemüses im Beet und den Rest lagern Sie in einem Sandeimer ein. Das Überwintern im Hochbeet spart zwar Zeit, es kann jedoch passieren, dass ein neugieriges Eichhörnchen oder andere Tierchen den Wintervorrat entdecken. Das Gemüse im Hochbeet gut mit Stroh oder Blättern abdecken, bevor der erste Frost kommt. Damit die Schutzschicht nicht weggeweht wird, legen Sie ein paar Tannenzweige darüber. So bleibt der Boden einigermaßen locker und das Gemüse friert nicht im Beet fest. Falls das Gemüse an extrem kalten Tagen doch einmal einfriert, ist das halb so wild: Durch die Kälte wird mehr Stärke in Zucker, und damit in leckere Süße, umgewandelt.

ÜBERWINTERN IM SANDEIMER

Besonders gut eignet sich diese Methode für Karotten, Petersilienwurzeln, Pastinaken und Rote Bete. Wichtig ist, dass das Gemüse nach dem Ernten nicht gewaschen wird. Alle Erde, die noch an den Wurzeln haftet, darf daran bleiben. Nur sehr große Erdklumpen leicht abklopfen. Die Erde wirkt wie eine Schutzschicht für das Gemüse. Bedecken Sie den Boden des Plastikeimers mit einer Sandschicht. Sie können ganz normalen Sandkastensand verwenden, dieser muss aber unbedingt trocken sein. Legen Sie anschließend das Gemüse in den Eimer und füllen Sie ihn komplett mit Sand auf. Decken Sie den Eimer abschließend mit einem Jutebeutel oder einer Schicht Stroh ab. Nun muss er an einem kühlen Ort gelagert werden, am besten in der Garage, im Keller oder in einer Wind und Wetter geschützten Ecke des Balkons.

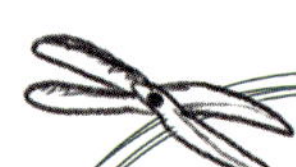

TIPP

Ist der Wintervorrat schneller aufgebraucht als gedacht? Dann stellt eine Abokiste vom Biohof eine prima Alternative dar.

EINKOCHEN

Für schnell verderbliches Gemüse wie Zucchini oder Tomaten ist Einkochen eine prima Lösung. Egal, ob Soßen, Chutneys oder Marmeladen – eigentlich lässt sich aus allem, was noch vor dem Winter weg muss, etwas ziemlich Leckeres herstellen. Und das Beste daran: Es ist gar nicht schwer! Hier ein paar Tipps, damit das Eingemachte gelingt und lange hält:

- Verwenden Sie am besten unversehrtes, gut gesäubertes Obst und Gemüse. Bei leicht angeschlagenen Früchten entfernen Sie Druckstellen oder sonstige unschöne Stellen großzügig mit einem Messer.
- Arbeiten Sie mit gut gereinigten und sterilisierten Küchengeräten. Ein Bad im heißen Wasser ohne Spülmittel sorgt dafür, dass alle Gegenstände gut desinfiziert werden. Am wichtigsten ist dieser Vorgang für die Einmachgläser. Spülen Sie die Gläser mit kochend heißem Wasser aus oder stellen Sie diese in einen Topf mit kochendem Wasser. Nach dem heißen Bad lassen Sie die Gläser auf einem sauberen Geschirrtuch trocknen. Nur so ist eine lange Haltbarkeit gewährleistet.
- Versuchen Sie beim Abfüllen in die Gläser so wenig wie möglich zu kleckern. Das ist leichter gesagt als getan. Geht doch einmal etwas daneben, säubern Sie den Glasrand mit einem feuchten Tuch.
- Ist alles im Glas, schnell den Deckel aufschrauben und die Gläser auf den Kopf drehen. Beim Abkühlen zieht sich die Luft im Glas zusammen und es entsteht Unterdruck. So wird der Deckel fest an das Glas gesaugt und Keime haben keine Chance mehr einzudringen.
- Beschriften Sie jedes Glas mit einem hübschen Etikett (siehe Plakat) und vergessen Sie dabei das Datum nicht.
- Kühl und dunkel gelagert hält sich Eingemachtes mindestens ein Jahr lang.

EINFRIEREN

Hier ein paar allgemeine Ratschläge, die beim Einfrieren von Gemüse hilfreich sind:

- Grundsätzlich ist das Einfrieren keine Methode, um Gemüse über Jahre hinweg zu konservieren. Dazu sind Einkochen, Einmachen oder Trocknen besser geeignet.
- Damit die kleinen knackigen Karotten nicht erst in zwei Jahren aus den Tiefen des Gefrierschranks auftauchen, ist es ratsam, ein wenig Ordnung zu halten. Beschriften Sie alle Beutel und Dosen (leere Margarinebecher eignen sich sehr gut für kleine Mengen). Was ist darin enthalten und wann wurde es eingefroren?
- Damit das eingefrorene Gemüse schnell auftaut und verarbeitet werden kann, ist es sehr praktisch, es vor dem Einfrieren in kleine Stücke zu schneiden.
- Vor dem Einfrieren sollten Sie das Gemüse unbedingt kurz blanchieren, dadurch bleibt es länger haltbar und behält seine Form und Farbe. Vergessen Sie das Abschrecken nicht!

DIY

KURKUMA-ZUCCHINI-Chutney

Die Kurkumawurzel gehört zu den Ingwergewächsen. Das leuchtend gelbe Gewürz wird wie Safran häufig zum Färben von Speisen genutzt. In Indien galt es lange Zeit als „heiliges Gewürz", es wird ihm eine reinigende und energiesparende Wirkung zugesprochen.

ZUTATEN

2 kg Zucchini

2 rote Paprikaschoten

2 große Zwiebeln

¼ Tasse Salz

2 Tassen Weißweinessig

1 Tasse Zucker

1 EL Senfkörner

½ TL Kurkuma

¼ TL gemahlene Nelken

verschließbares Glasgefäß

SCHRITT 1

Zucchini, Paprika und Zwiebeln waschen und in Scheiben hobeln. Bestreuen Sie das Gemüse mit Salz und mischen Sie gut durch. Nun alles drei Stunden lang gut durchziehen lassen und anschließend das ausgetretene Wasser abgießen.

SCHRITT 2

Füllen Sie das Gemüse in einen Topf und geben Sie den Essig und die Gewürze dazu. Lassen Sie die Mischung gut aufkochen.

SCHRITT 3

Anschließend in heiß ausgespülte Gläser füllen und verschließen. Die Gläser für einige Zeit umgedreht stehen lassen, damit die restliche Luft entweichen kann und die Gläser luftdicht verschlossen sind.

DIY

KLASSISCHES *Basilikum-Pesto*

Wirklich gutes Pesto hat im Supermarkt seinen Preis. Daher lohnt es sich, für einen eigenen Pesto Vorrat zu sorgen. Schließlich steht die wichtigste Zutat – das Basilikum – auf dem Balkon bereit.

ZUTATEN

2 Töpfe frisches Basilikum

45 g Pinienkerne

40 g Parmesan

1 Knoblauchzehe

Olivenöl

grobes Meersalz

verschließbares Glasgefäß

SCHRITT 1

Zupfen Sie die Basilikumblätter von den Stielen.

SCHRITT 2

Rösten Sie die Pinienkerne in einer Pfanne (ohne Öl) an.

SCHRITT 3

Nun die Basilikumblätter zusammen mit Pinienkernen, Knoblauchzehe und Parmesan in den Mixer geben. Fügen Sie langsam das Olivenöl und zum Schluss noch eine Prise grobes Meersalz hinzu.

SCHRITT 4

Füllen Sie das Pesto in ein Glas ab und gießen Sie bis zum Rand Öl auf.

Pesto lässt sich nicht nur aus Basilikum zubereiten. Mit dem Grün der Möhren, Petersilie, Rucola oder Radieschen können Sie ein ausgefallenes Pesto kreieren.

TIPP

Nur mit einem sauberen Löffel etwas aus dem Glas holen und anschließend wieder gut mit Olivenöl aufgießen. So hält sich das Pesto wesentlich länger.

ZEIT FÜR *Gemütlichkeit*

Haben Sie erst einmal damit begonnen, Ihren Balkon zu bepflanzen, werden Sie schnell feststellen, dass Sie gar nicht mehr zurück in die Wohnung möchten. Der Balkon bietet Ihnen zu jeder Tageszeit ein neues Gesicht. Er wird das Ess- und Wohnzimmer des Sommers. Kosten Sie diese Wonnemonate in vollen Zügen aus. Gärtnern ist nicht nur Arbeit, sondern auch Entspannung und Müßiggang. Gemütlich zurücklehnen und die Seele baumeln lassen – wo geht das besser als auf dem Balkon? Teilen Sie Ihr neues Zimmer im Freien und laden Sie Freunde zum Essen ein. Genießen Sie gemeinsam Ihre grüne Oase.

SITZECKEN *einrichten*

Gibt es etwas Gemütlicheres als eine Sitzecke im Freien? Dort können Sie sich zurückziehen, die Beine hochlegen, ein gutes Buch lesen, gemeinsam essen oder einfach das süße Nichtstun genießen. Aber vorher dürfen Sie noch einmal kurz aktiv werden und die Ärmel hochkrempeln. Die Sitzmöbel sind nämlich Marke Eigenbau.

Übrigens: Man muss nicht alles kaufen, was man zum Bauen eigener Balkonmöbel braucht. Oft liegt in der Garage noch altes Holz, Freunde wollten eh schon lange einmal den Keller ausmisten oder der Sperrmüll des Nachbarn bietet noch etwas Brauchbares. Halten Sie einfach Augen und Ohren offen!

DIY

BALKONBETT *bauen*

Am schönsten ist es doch, wenn man alle Viere von sich strecken kann. Wo geht das besser als im Bett? Aber bei schönstem Sonnenschein den Tag im Bett zu verbringen ist auch nicht das Wahre. Also ab damit auf den Balkon! Ab nun wird ein kurzes Nickerchen oder die abendliche Lektüre unter freiem Himmel genossen. Als „Lattenrost" dienen dabei ausrangierte Weinkisten.

MATERIAL

12 Weinkisten

Matratze, 90 x 200 cm

gemütliche Kissen und Decken

SCHRITT 1

Messen Sie die Ecke Ihres Balkons aus, in welche das Bett kommen soll. So wissen Sie, wie viele Weinkisten benötigt werden. Für eine Matratze mit 90 x 200 cm sind 12 Kisten nötig. Bei größeren Matratzen brauchen Sie entsprechend mehr Kisten.

SCHRITT 2

Stellen Sie die Weinkisten in Zweierreihen auf und legen Sie anschließend die Matratze darauf.

SCHRITT 3

Nun mit Kissen und Decken dekorieren und die Balkonpflanzen schön um das Bett herum drapieren.

TIPP

Am stabilsten wird das Bett,wenn es in einer Ecke gebaut wird und sich „anlehnen" kann.

DIY

TISCH UND HOCKER *aus Beton*

Falls Sie jetzt vielleicht ein wenig skeptisch sind und denken, dass man aus Beton keine ansehnlichen Möbel zaubern kann, so lassen Sie sich hier eines Besseren belehren. Beton ist ein wunderbarer Baustoff für Balkonmöbel, die zum stylischen Blickfänger werden.

MATERIAL

Rundholz, 120 cm lang

2x Kantholz, je 80 cm lang

Zollstock, Lineal

Bleistift

Stichsäge

20-Liter-Eimer

rechteckige 45-Liter-Box

etwa 19 kg Trockenbeton

etwa 7 l Wasser

Schleifpapier

Acrylfarben, Pinsel

Klebeband

HOCKER

1. Für den Hocker das Rundholz in drei Teile à 40 cm Länge teilen. So hoch wird der Hocker später werden. Nehmen Sie ein Lineal zu Hilfe, um exakte Linien aufzuzeichnen.

2. Mit der Stichsäge nun an den Linien entlangschneiden. Tadaaaa! So schnell erhält man drei Stuhlbeine.

3. Geben Sie etwa 4 kg Trockenbeton in den Eimer und gießen Sie langsam etwa 1,5 Liter Wasser dazu. Mit einem Stuhlbein alles gut durchrühren, bis eine zähflüssige Masse entsteht.

4. Die Stuhlbeine in der Betonmasse leicht schräg nach außen platzieren. Dann abwarten, der Beton muss mindestens 48 Stunden lang trocknen.

5. Nachdem der Beton getrocknet ist, holen Sie den Hocker aus dem Eimer. Behandeln Sie die Sitzfläche anschließend mit Schmirgelpapier.

6. Nun kommt Farbe ins Spiel. Bemalen Sie die Stuhlbeine mit Acrylfarbe. Damit der Rand der Farbe einen präzisen Abschluss bekommt oder tolle Muster entstehen, kleben Sie die Stellen, die frei von Farbe bleiben sollen, mit Klebeband ab.

TISCH

1. Für die Tischbeine schneiden Sie die vier Kanthölzer auf je 40 cm zu.

2. Geben Sie für die Tischplatte ungefähr 15 kg Beton in den rechteckigen Behälter, gießen Sie etwa 5–6 Liter Wasser dazu und rühren Sie eine zähflüssige Masse an.

3. Vorsicht, nun wird es kniffelig, denn die Tischbeine bleiben nicht ohne Hilfe in der Betonmasse stehen. Falls Sie nicht im Besitz von Schraubzwingen sind, gilt es nun, erfinderisch zu werden. Das überschüssige Holz der Tischbeine, Holzschubladen oder ein Buch helfen Ihnen, die Tischbeine zu stützen. Lassen Sie den Beton mindestens 48 Stunden lang trocknen.

4. Anschließend stürzen Sie die Tischplatte aus dem Behälter und behandeln sie mit Schmirgelpapier.

5. Auch an den Tischbeinen macht sich ein bisschen Farbe ganz gut. Gehen Sie vor wie bei den Stuhlbeinen (siehe Schritt 6).

DIY

TISCH UND HOCKER *aus Getränkekisten*

Fehlt in Ihrer Wohnung auch eine Abstellkammer? Sicherlich kennt der ein oder andere das Problem, dass die Getränkekisten ständig im Weg stehen. Aber einfach so auf den Balkon stellen? Das sieht nicht besonders einladend aus. Was aber, wenn aus den Getränkekisten ganz einfach ein Hocker und ein Tisch werden?

MATERIAL

3 Getränkekisten

1 Leimholzplatte, 1,5 cm hoch

Zollstock

Bleistift

Stichsäge

4 Holzleisten

240er-Schleifpapier

8 Schrauben

Bohrer

Farbrolle mit Farbwanne

Grundierung

Holzlack

SCHRITT 1

Messen Sie die Oberfläche der Getränkekiste, die später als Sitzfläche dienen soll, aus. Dann übertragen Sie die Maße auf die Leimholzplatte.

SCHRITT 2

Sägen Sie entlang der aufgezeichneten Maße mit der Stichsäge die Platte aus.

SCHRITT 3

Damit die Sitzfläche später nicht wackelt, werden zwei Leisten so angepasst, dass sie sich in den Aussparungen der Getränkekisten verankern. Dazu die Holzleiste auf die Aussparung legen, markieren und zurechtschneiden (linkes Bild).

SCHRITT 4

Um Splitter zu vermeiden, das Holz mit Schleifpapier abschmirgeln. So lässt sich auch die Farbe besser auftragen.

SCHRITT 5

Befestigen Sie die Leisten mit je zwei Schrauben auf der Unterseite der Platte. Messen Sie die Position genau aus, damit sich die Leisten tatsächlich gut in den Kistenaussparungen verhaken lassen.

SCHRITT 6

Um das Holz witterungsfest zu machen, tragen Sie zuerst eine Grundierung auf. Ist diese getrocknet, können Sie die eigentliche Holzfarbe aufbringen. Falls nötig, mehrmals streichen.

SCHRITT 7

Setzen Sie die Platte auf die Kiste und fertig ist der Hocker!

SCHRITT 8

Für den Tisch gehen Sie genauso vor, platzieren die Holzplatte aber anstatt auf einer auf zwei übereinandergestellten Getränkekisten.

ORIGINAL
Sternla
Schmeckt!

MEINE *Wohlfühloase*

Haben Sie Ihren Urlaub schon einmal auf Balkonien verbracht? Nicht nur die Nachmittage lassen sich prima in der Hängematte genießen, vielleicht bietet sich sogar die Gelegenheit, in einer Sommernacht auf dem Balkon zu übernachten und in die Sterne zu gucken. Vor allem ab Juli, wenn die größte Arbeit getan ist, können Sie in aller Ruhe Ihr Werk genießen. Nun sind es nur noch kleine Details, die Ihrem Balkon fehlen. Wie wäre es mit einem Miniteich oder einem hübschen Windspiel? Oder fühlen Sie sich durch die Blicke der Nachbarn gestört? Dann hilft ein essbarer Sichtschutz. Diese Kleinigkeiten sorgen für den ganz besonderen Wohlfühlfaktor in Ihrer grünen Oase.

ESSBARER SICHTSCHUTZ

In der Stadt ist es gar nicht so leicht, auf dem eigenen Balkon ein wenig Privatsphäre zu genießen. Vom Haus gegenüber schaut schon seit Stunden der ältere Herr aus dem Fenster und nebenan feiert die WG eine wilde Party. Um sich vor den neugierigen Blicken der umliegenden Bewohner zu schützen und den Balkon zum Rückzugsort zu machen, ist ein Sichtschutz eine gute Hilfe. Wie wäre es mit einer essbaren Variante aus Bohnen, Erbsen, Kapuzinerkresse oder Wicken? Lassen Sie das essbare Grün am Balkongitter oder an Holzstäben hinauf- und hinunterklettern. Dazu einfach einen Blumenkasten auf den Boden stellen und mit Bohnenkernen bestücken. Dazwischen noch ein paar Samen von wilden Wicken streuen. Oben am Balkongitter können Sie zusätzlich mithilfe einer Halterung Töpfe mit Kapuzinerkresse anbringen. Und ein paar Monate später können Sie Ihre neue Privatsphäre in Ruhe genießen und noch dazu leckere Bohnen ernten.

DIY

GARTEN-*teich*

Mit diesem Miniteich machen Sie nicht nur sich selbst, sondern auch Ihren tierischen Balkonfreunden eine große Freude. Mit wenig Aufwand können Sie ein kleines Pflanzen- und Vogelparadies kreieren.

MATERIAL

alte Blechschüssel oder Wanne

ein paar große Steine

Binsen

Wasserminze

jede Menge frisches Wasser

SCHRITT 1

Platzieren Sie ein paar Steine in der Wanne. Manche Wasserpflanzen wollen nämlich nicht ganz unter Wasser stehen und brauchen eine leichte Erhöhung, auf der sie sich niederlassen können. Außerdem ist ein Stein eine gute Landestelle für Vögel. Diese können aus dem Miniteich trinken und ein Bad nehmen.

SCHRITT 2

Nun werden die Pflanzen hineingesetzt. Falls Sie Pflanzen in kleinen Töpfen gekauft haben, ist es besser, diese umzutopfen (dazu Teicherde verwenden). So können sie sich den Sommer über gut entwickeln. Als neuer Topf bietet sich z. B. eine leere Erdbeerschale aus Plastik an.

SCHRITT 3

Nun heißt es: Wasser marsch! Gießen Sie am Rand der Wanne langsam frisches Wasser ein. So wird wenig Erde aufgewirbelt und der Teich bleibt schön sauber.

SCHRITT 4

Nun noch Steine und Pflanzen ein wenig zurechtrücken und fertig ist das Vogel-Plantschbecken.

Bedenken Sie beim Gießen auch jedes Mal den Teich mit einem kleinen Schluck. Im Winter wird der Teich stillgelegt und gereinigt. Die Wasserpflanzen kommen in einen mit Wasser gefüllten Plastikeimer in den Keller.

HINWEIS

Der Teich darf ruhig ein wenig schattig, geschützt von anderen Pflanzen, stehen. So trauen sich die Vögel garantiert, ein abendliches Bad auf Ihrem Balkon zu nehmen.

DIY

WINDSPIEL
aus Spiegelmosaik

Spieglein, Spieglein an der Wand, wer ist die schönste Blume im ganzen Land? In einem Windspiel aus kleinen Spiegeln, die wie zarte Tropfen in der Luft schweben, können sich Ihre Blumen von allen Seiten betrachten und Sie haben ein außergewöhnliches Dekoelement. Übrigens: Das Windspiel macht sich im Winter auch hübsch im Badezimmer.

MATERIAL

Nylonschnur

Spiegelmosaikplättchen in unterschiedlichen Größen (zwischen 0,5–1,5 cm)

Heißklebepistole

Bambusstab, etwa 40 cm lang

Gartenschere

Gartenschnur

SCHRITT 1

Schneiden Sie von der Nylonschnur vier unterschiedlich lange Schnüre ab. Legen Sie ein Spiegelmosaikplättchen auf die Schnur, tragen Sie Heißkleber auf und kleben Sie ein zweites Plättchen mit der Rückseite darauf, sodass beide an der Schnur befestigt sind. Verfahren Sie mit den übrigen Mosaikplättchen ebenso. Wechseln Sie dabei regelmäßig die Größen und auch die Abstände der Spiegelmosaikplättchen.

SCHRITT 2

Schneiden Sie den Bambusstab mit der Gartenschere in der Mitte durch. Legen Sie die beiden Stäbe aufeinander und kleben Sie diese in der Mitte mit etwas Heißkleber aneinander. Damit die Klebestelle schöner aussieht, das Kreuz zusätzlich mit Gartenschnur umwickeln.

SCHRITT 3

Knoten Sie die Nylonschnüre an die vier Enden des fertigen Bambuskreuzes und fertig ist das Windspiel!

DIY

LAMPION-*Lichterkette*

Wenn die Tage kürzer und die Abende länger werden, muss schnell für eine alternative Lichtquelle gesorgt werden. Besonders stimmungsvoll und auch ein wenig feenhaft wirkt diese Lichterkette, die im Farbenspiel der gelben und orangefarbenen Physalis erstrahlt.

MATERIAL

Früchte von der Physalis

scharfes Messer

Lichterkette mit Minileuchten

SCHRITT 1

Schneiden Sie die Früchte (was in dem Fall die Lampions sind) vorsichtig von der Pflanze. Die frischen Früchte lassen sich einfacher verarbeiten, da sie noch biegsam sind.

SCHRITT 2

Ritzen Sie mit einem scharfen Messer jeweils ein kleines Loch in den Lampion und stecken Sie vorsichtig je eine Birne der Lichterkette in die Öffnung. Und nun Licht an!

GRILL-*Party*

Laden Sie Ihre Freunde, Kollegen oder Familie zu einer ausgelassenen Grillparty ein. Denn zum Sommer gehört das Grillen genauso wie die Sonne. Egal, ob auf dem Balkon, der Terrasse, am See oder im Park – Grillen kennt keine Grenzen. Man verspeist nicht nur zusammen viele leckere Gerichte, sondern bekommt gleichzeitig neue Anregungen. Hier und da tauscht man ein Rezept oder merkt sich die schicke Dekoidee der Kollegin für den eigenen Balkon.

HEREINSPAZIERT!

Öffnen Sie die Türen zu Ihrem Balkonrestaurant! Der Küchentisch darf Frischluft schnuppern, die Musikanlage kommt mit nach draußen und wenn die Nachbarn noch ein paar Stühle mitbringen, ist die Party perfekt. Begrüßen Sie Ihre Gäste am besten mit einem kühlen Glas Sekt garniert mit frischen Früchten. Einfach Himbeeren, Brombeeren und Heidelbeeren ins Glas geben und mit Sekt aufgießen. Schon ist der Sommer-Drink fertig!

KRÄUTER-GRILLFEUER

Der Geruch von Holzkohle und leckerem Grillgut ist ein ganz typischer Sommergeruch. Mit Kräutern in der Grillkohle werden Duft und Geschmack unvergesslich! Wenn Sie Ihre Kräuter abgeerntet haben und die Blätter verarbeitet sind, so werfen Sie die holzigen Stängel nicht weg. Diese sind zwar für Tee oder Kosmetik unbrauchbar, lassen sich aber prima für ein würziges Grillfeuer verwenden. Geben Sie die getrockneten Zweige in die Kohle und legen Sie anschließend wie gewohnt das Grillgut auf. Besonders gut ist der Duft von Lavendel, Salbei, Rosmarin, Majoran und Thymian.

DIY

WALNUSS-Kartoffelbrot

Selbst gebackenes ofenfrisches Brot – da geht jedem Feinschmecker das Herz auf. Die Walnüsse geben dem Kartoffelbrot eine besondere Note und sorgen für viel Knusperspaß.

ZUTATEN

400 g Kartoffeln

200 g Walnüsse

400 g Mehl

1 TL Salz

1 Prise gemahlener Koriander

20 g frische Hefe

1 Ei

125 ml Wasser

Kräutersalz, nach Belieben

SCHRITT 1

Die Kartoffeln schälen, vierteln und gar kochen. Anschließend mit der Kartoffelpresse zerkleinern. Sollten Sie keine zur Hand haben, verwenden Sie einfach eine Gabel.

SCHRITT 2

Zerkleinern Sie die Walnüsse. Packen Sie dazu die Nüsse in einen Gefrierbeutel und zerdrücken Sie diese mit einem stumpfen Gegenstand, z. B. mit einem Nudelholz. Nun die Walnüsse in der Pfanne anrösten.

SCHRITT 3

Walnüsse, Mehl, Kartoffeln, Salz und Koriander in einer Schüssel vermengen.

SCHRITT 4

Geben Sie das Ei, die aufgelöste Hefe und das Wasser hinzu.

SCHRITT 5

Lassen Sie den Teig für eine Stunde an einem warmen Ort gehen.

SCHRITT 6

Dann ein rundliches Brot formen und auf das Backblech legen. Nochmal eine Stunde gehen lassen. Den Ofen auf 220 °C vorheizen.

SCHRITT 7

Backen Sie das Brot 30–45 Minuten im Ofen. Wer mag, streut zum Abschluss noch ein wenig Kräutersalz darauf.

DIY

BUTTER-*spezialitäten*

Brot und Butter sind ein einfaches und superleckeres Dreamteam. Aromatisiert mit Kräutern und Gewürzen wird im Handumdrehen aus einer einfachen Butter ein leckerer Brotaufstrich.

ZUTATEN

FÜR DIE TOMATEN-BUTTER

125 g Süßrahmbutter

3 EL Tomatenmark

½ Knoblauchzehe

Salz und Pfeffer

FÜR DIE KRÄUTER-BUTTER

125 g Süßrahmbutter

½ Knoblauchzehe

2 Zweige Zitronen-thymian

2 Blätter Zitronenmelisse

3 Kapuzinerkresse-Blüten

Schnittlauch

1 Zweig Rosmarin

Salz und Pfeffer

TOMATENBUTTER

1. Schneiden Sie die zimmerwarme Butter in kleine Stücke und rühren Sie diese mit dem Mixer oder einer Gabel schön cremig.

2. Die halbe Knoblauchzehe grob klein schneiden. Anschließend mithilfe der Knoblauchpresse pressen und zusammen mit dem Tomatenmark zur Butter geben. Alles gut mischen.

3. Zum Schluss mit etwas Salz und Pfeffer abschmecken.

KRÄUTERBUTTER

1. Die zimmerwarme Butter in kleine Stücke schneiden und mit dem Mixer oder einer Gabel cremig rühren.

2. Schneiden Sie die halbe Knoblauch-zehe grob klein und pressen Sie diese.

3. Zitronenthymian, Zitronenmelisse, Kapuzinerkresse-Blüten, Schnittlauch und Rosmarin waschen und klein hacken. Geben Sie die Kräuter zusammen mit dem Knoblauch zur Butter und mischen Sie alles gut.

4. Abschließend mit etwas Salz und Pfeffer abschmecken.

DIY

SOMMERLICHER *Blütensalat*

Die vielen bunten Blüten auf dem Balkon sind ein herrlicher Anblick. Doch die wenigsten wissen, dass man viele der bunten Blickfänger auch essen kann. Borretsch, Tagetes, Stiefmütterchen, Dahlien, Geranien oder Kapuzinerkresse – im Salat sehen ihre Blüten nicht nur schön aus, sondern schmecken noch dazu sehr gut.

ZUTATEN

2 Tomaten

Pflücksalat, Rucola

essbare Blüten von Borretsch, Kapuzinerkresse, Geranie und Stiefmütterchen

FÜR DAS DRESSING

4 EL Himbeeressig

1 TL Honig

1 EL Olivenöl

5 EL Wasser

2 Blätter Zitronenmelisse

1 Blatt Borretsch

etwas Schnittlauch

Salz und Pfeffer, nach Belieben

SCHRITT 1

Waschen Sie Tomaten und Salat. Vierteln Sie die Tomaten und reißen Sie den Salat klein. Variieren Sie die Zutaten, je nachdem was gerade erntereif ist.

SCHRITT 2

Schütteln Sie die Blüten aus und garnieren Sie damit den Salat.

SCHRITT 3

Mischen Sie eine Vinaigrette aus Himbeeressig, Honig, Olivenöl und etwas Wasser.

SCHRITT 4

Schneiden Sie die gewaschenen Kräuter klein und geben Sie diese zum Dressing. Zum Schluss schmecken Sie mit Salz und Pfeffer ab.

DIY

GRILLGEMÜSE *mit Ziegenkäse*

Fleisch oder Gemüse – das ist wohl der Hauptstreitpunkt, wenn es ums Grillen geht. Da auf dem Balkon jedoch nun mal Paprika und Zucchini wachsen, kommt eben Grünzeug auf den Grill. Außerdem kann man dieses auch prima als Beilage reichen, falls jemand nicht auf ein saftiges Grillsteak verzichten möchte.

ZUTATEN

Alufolie
2 Paprikaschoten
Olivenöl
Salz und Pfeffer
1 Zucchini
1 Rolle Ziegenkäse
ein paar Pinienkerne

SCHRITT 1

Schneiden Sie die Paprikaschoten in kleine Stücke und legen Sie diese auf Alufolie.

SCHRITT 2

Geben Sie einen Schuss Olivenöl darüber und würzen Sie mit Salz und Pfeffer. Dann alles zu einem luftdichten Päckchen formen und auf den Grill legen.

SCHRITT 3

Die Zucchini in dünne Scheiben schneiden und von beiden Seiten anbraten.

SCHRITT 4

Die Paprika werden, sobald sie gar sind, mit Ziegenkäse und Pinienkernen verfeinert. Legen Sie die Zucchinischeiben dazu und servieren Sie das Ganze mit Brot und Kräuterbutter.

TIPP

Wer keinen Ziegenkäse mag, kann auch Hüttenkäse oder Frischkäse mit Kräutern oder Paprika nehmen.

DIY

MARINIERTE *Limetten-Scampi*

Scampi bringen südländisches Flair auf den Grill. Eingelegt in eine Limetten-Knoblauch-Marinade und auf einem Rosmarinzweig aufgereiht, läuft einem schon beim Anblick das Wasser im Mund zusammen.

ZUTATEN

Scampi

5 EL Öl

Saft einer ½ Limette

½ Knoblauchzehe

Salz und Pfeffer

Rosmarinzweige

SCHRITT 1

Die Scampi mit kaltem Wasser abwaschen und trocken tupfen.

SCHRITT 2

Für die Marinade Olivenöl, Limettensaft und den gepressten Knoblauch gut mischen und mit etwas Salz und Pfeffer würzen.

SCHRITT 3

Legen Sie die Scampi einen Tag lang in die Marinade ein.

SCHRITT 4

Spießen Sie die Scampi auf die Rosmarinzweige auf und legen Sie die Spieße auf den Grill.

DIY

BANANE MIT *Schokolade gespickt*

Beerenträume in Kombination mit mit cremiger Schokolade und samtweicher Banane! Wohl eines der einfachsten und zugleich leckersten Desserts, die es gibt.

ZUTATEN

Banane

Küchenmesser

1 Tafel Schokolade

Beeren, z. B. Himbeeren. Heidelbeeren, Brombeeren

Puderzucker

Minzeblätter

SCHRITT 1

Lassen Sie die Banane in der Schale und schneiden Sie mit einem Messer einen länglichen Schlitz hinein. Dort werden die Schokoladenstücke hineingesteckt.

SCHRITT 2

Legen Sie die gefüllte Banane ein paar Minuten lang auf den Grill und fertig ist der Nachttisch.

SCHRITT 3

Servieren Sie die Köstlichkeit mit frischen Beeren, Minzeblättern und etwas Puderzucker. Himmlisch!

TIPP

Anstelle von Schokolade können Sie nach dem Grillen der Banane auch Honig darübergeben.

MÄDELS-*abend*

An manchen Abenden gibt es einfach nichts Schöneres, als Zeit mit seiner besten Freundin zu verbringen. Zusammen lachen, quatschen und auf gemeinsame Erlebnisse zurückblicken. Keine kennt einen besser und mit keiner anderen kann man so viel Spaß haben. Um Ihrer Freundin das zu sagen, schenken Sie ihr am besten einen Mädelsabend auf dem Balkon! Gestalten Sie Ihr grünes Reich ganz ladylike: bunte Papierlampions, eine Wimpelkette, gemütliche Sessel und kleine Leckereien – Ihre Freundin wird Augen machen!

RUNDUM-VERWÖHNPAKET

Stoßen Sie zu Beginn des Abends mit einer bunten Blütenbowle (siehe Seite 117) an. Durch die Blüteneiswürfel ist diese herrlich erfrischend. Servieren Sie dazu herzhafte Rucola-Ziegenkäse-Wraps (siehe Seite 116) – eine wunderbar leichte Zwischenmahlzeit.
Nun wird es Zeit für das Wellness-Programm. Ein selbst gemachtes Orangenpeeling (siehe Seite 118) lässt die von der Gartenarbeit mitgenommenen Hände und die vom vielen Barfußlaufen strapazierten Füße wieder munter werden. Anschließend reiben Sie Ihre Hände mit einer festen Handcreme aus Ringelblumen (siehe Seite 119) ein.
Werden Sie gemeinsam kreativ und basteln Sie sich romantischen Blütenhaarschmuck (siehe Seite 120). Dieser hält zwar nur für einen Abend, ist aber ein bezauberndes Accessoire. Als kleine Überraschung werden nun die Seifenblasen hervorgezaubert. Das macht selbst als großes Mädchen noch jede Menge Spaß.
Noch Lust auf etwas Süßes? Zum Abschluss des Abends gibt es ein ganz besonderes Betthupferl: Brombeereis mit Sahne und kandierten Blüten (siehe Seite 117). Da bleiben wirklich keine Wünsche offen!

DIY

BLÜTEN-
bowle

Diese sommerliche Bowle ist der perfekte Start für einen gemütlichen Mädelsabend oder eine spritzige Erfrischung an einem heißen Sommertag. Die bunten Blüten sind ein toller Hingucker!

ZUTATEN

2 Handvoll bunt gemischte Blüten und Blätter, z. B. Gänseblümchen, Giersch, Tagetes, Rosenblütenblätter, Borretschblüten, Gundermann

½ l Apfelsaft

½ l trockener Sekt

etwas Mineralwasser, nach Belieben

Blüteneiswürfel (siehe Seite 81)

SCHRITT 1

Schütteln Sie die Blüten vorsichtig aus und geben Sie diese in ein Bowleglas oder eine Karaffe.

SCHRITT 2

Gießen Sie das Gefäß mit ½ Liter Apfelsaft und ½ Liter Sekt auf. Wer mag, kann noch Mineralwasser dazugeben.

SCHRITT 3

Servieren Sie die Bowle mit Blüteneiswürfeln.

DIY

RUCOLA-ZIEGENKÄSE-
Wraps mit Parmaschinken

Ein kleiner Snack kann nicht schaden, bevor noch mehr von der leckeren Blütenbowle ins Glas kommt. Leicht und dennoch sättigend sind diese köstlichen Wraps.

ZUTATEN

2 Wraps

Ziegenfrischkäse

Salz und Pfeffer

1 große Tomate oder mehrere kleine Tomaten

1 Handvoll Rucola

4 Scheiben Parmaschinken

4 TL Ricotta

SCHRITT 1

Heizen Sie den Backofen auf 200 °C (Umluft) vor. Geben Sie die Wraps 3–5 Minuten in den Ofen.

SCHRITT 2

Bestreichen Sie anschließend die Wraps mit Ziegenfrischkäse. Streuen Sie Salz und Pfeffer darauf.

SCHRITT 3

Schneiden Sie die Tomate in Scheiben und legen Sie diese zusammen mit dem Rucola und zwei Scheiben Parmaschinken auf die Wraps.

SCHRITT 4

Am Schluss noch etwas Ricotta hinzufügen, einrollen und genießen!

DIY

PEELING „Fruity Orange“

Im Sommer brauchen unsere Füße viel Pflege. Barfuß läuft man auf der Wiese, in der Wohnung, auf dem Balkon und am Strand. Damit Sie weiterhin leichtfüßig durch das Sommerleben laufen, verwöhnt dieses Peeling Ihre Haut. Auch Ihre Hände werden es Ihnen danken.

ZUTATEN

420 g brauner Zucker

50 ml Sanddornöl (alternativ Mandel- oder Olivenöl)

ätherisches Orangenöl

Bio-Orange

SCHRITT 1

Vermengen Sie den braunen Zucker mit dem Sanddornöl.

SCHRITT 2

Geben Sie 15 Tropfen ätherisches Orangenöl und den Abrieb einer Orange hinzu. Alles gut vermengen und in ein hübsches Glas füllen.

ANWENDUNG:

Stellen Sie eine Schüssel mit Wasser und weiche Handtücher bereit. Tragen Sie das Peeling auf Hände oder Füße auf und massieren Sie es sanft ein. Anschließend waschen Sie es mit Wasser wieder ab und verwöhnen die Haut mit einer Creme.

DIY

FESTE HANDCREME „Hand im Glück"

Gärtnern ist Handarbeit. Mit dieser Creme können Sie Ihre Hände nach einem langen Gartentag verwöhnen. Das Rezept reicht, je nach Eiswürfelform, für vier bis fünf Cremes. Denken Sie daran, dass Naturkosmetik nicht so lange haltbar ist und daher schnell verbraucht werden sollte.

ZUTATEN

Eiswürfelform

15 g Kakaobutter

8 g Sheabutter

4 g Mandel- oder Jojobaöl

8 g Bienenwachs

3 Ringelblumenblüten

5 Blätter Zitronenmelisse

ätherisches Öl, nach Belieben

SCHRITT 1

Bringen Sie Kakao- und Sheabutter und Öl zusammen mit dem Bienenwachs über dem Wasserbad zum Schmelzen.

SCHRITT 2

Geben Sie die Ringelblumenblüten und die Zitronenmelisse hinzu. Nach 15 Minuten die Blüten und Blätter aus der Flüssigkeit holen.

SCHRITT 3

Fügen Sie ein paar Tropfen ätherisches Öl hinzu und gießen Sie die heiße Flüssigkeit vorsichtig in die Eiswürfelform.

SCHRITT 4

Legen Sie die Form ein paar Stunden lang in den Kühlschrank und fertig ist Ihre Handcreme.

HAARSCHMUCK *aus Blumen*

Dieser bezaubernde Haarschmuck mit selbst gepflückten Blumen und Kräutern ist in keinem Laden erhältlich und lässt Sie und Ihre Freundin als Blumenköniginnen erstrahlen!

MATERIAL

Kräuterzweige, z. B. Salbei oder Oregano

Schleierkraut

Haarreif

Stoffband

Heißklebepistole

Blüten, z. B. von Dahlien

SCHRITT 1

Binden Sie aus den Kräutern und dem Schleierkraut einen kleinen Strauß. Legen Sie diesen auf den Haarreif und umwickeln Sie Haarreif und Kräuter mit dem Stoffband.

SCHRITT 2

Fixieren Sie das Stoffband mit Heißkleber. Nun können Sie Blüten und weitere Kräuter ankleben. Ein Hoch auf die Blumenköniginnen!

DIY

BROMBEEREIS MIT *kandierten Blüten und Sahne*

Ein dunkelviolettes Brombeereis macht sich nicht nur optisch gut, sondern schmeckt noch dazu hervorragend. Und das alles ganz ohne Eismaschine!

ZUTATEN

FÜR DIE BLÜTEN

essbare Blüten und Blätter (z. B. Rosenblütenblätter, Zitronenverbene, Lavendelblüten etc.)

etwa 70 g Zucker

125 ml Wasser

FÜR DAS EIS

200 g Brombeeren

25 g Zucker

25 g Blütenzucker

175 g Naturjoghurt

200 ml Sahne

FÜR DIE BLÜTEN

1. Zupfen Sie die Blüten und Blätter vorsichtig von den Pflanzen und schütteln Sie diese leicht aus.

2. Kochen Sie 50 g Zucker mit dem Wasser auf und lassen Sie den so entstandenen Sirup abkühlen.

3. Tauchen Sie die Blüten einzeln in den Sirup und holen Sie diese mithilfe einer Gabel wieder aus dem Topf. Anschließend legen Sie die Blüten auf ein mit Backpapier ausgelegtes Blech.

4. Ist der Sirup leicht angetrocknet, bestreuen Sie die Blüten von allen Seiten mit dem restlichen Zucker.

FÜR DAS BROMBEEREIS

1. Waschen Sie die Brombeeren und geben Sie diese in eine Schüssel.

2. Geben Sie Zucker (25 g normalen Zucker und 25 g Blütenzucker) und Naturjoghurt zu den Beeren.

3. Mixen Sie alles gut durch und stellen Sie die Schüssel fünf Stunden lang ins Eisfach.

4. Zum Schluss alles noch mit den kandierten Blüten und etwas geschlagener Sahne hübsch verzieren.

EIN BÜRO *auf dem Balkon*

Vielleicht haben Sie die Möglichkeit, hin und wieder von zu Hause aus zu arbeiten. Fragen Sie doch einmal vorsichtig bei Ihrem Chef nach, falls Home Office in Ihrer Firma nicht ohnehin gang und gäbe ist. Oder sind Sie sogar Ihr eigener Chef? Dann nichts wie ab auf den Balkon! Schreibtisch und Drehstuhl werden kurzerhand dorthin verfrachtet. An einem schönen Sommermorgen lässt es sich herrlich auf dem Balkon arbeiten. Die Vögel zwitschern, die Bienen frühstücken auf Ihren Blumen und die Sonne scheint Ihnen wohlig-warm ins Gesicht.

ENTSPANNT ARBEITEN

Anstatt mit einem Kaffee starten Sie mit jeder Menge Frischluft und einem Glas kalter Zitronenlimonade in den Arbeitstag. Die Pause lässt sich prima in der Hängematte verbringen und falls es nachmittags doch zu heiß wird, ziehen Sie sich einfach in die kühle Wohnung zurück. Ab dem späten Nachmittag, wenn die Hitze langsam nachlässt, wird das Balkonbüro wieder eröffnet.

DIY

ZITRONEN-
limonade und -zucker

Die meisten Menschen starten gerne mit einem Kaffee in den Tag. Versuchen Sie doch zur Abwechslung einmal eine kühle Zitronenlimonade. In dieser steckt die ganze Kraft der Sonne!

ZUTATEN

FÜR DIE ZITRONEN-LIMONADE

1 Handvoll Zitronenmelisse

5 Blätter Zitronenverbene

4 Zweige Zitronen-thymian

1 Liter Wasser

1 unbehandelte Zitrone

Blüteneiswürfel
(siehe Seite 81)

FÜR DEN ZITRONEN-ZUCKER

1 unbehandelete Limette

Zitronenthymian

Zucker

Zuckerdose oder Glasgefäß mit Deckel

ZITRONENLIMONADE

1. Übergießen Sie die kurz mit Wasser abgebrausten Kräuter mit einem Liter kaltem Wasser. Nun 30 Minuten lang ziehen lassen.

2. Süßen Sie die Limonade mit etwas Zitronenzucker.

3. Geben Sie noch Zitronenscheiben und ein paar Blüteneiswürfel hinzu und starten Sie mit einem richtigen Energie-kick in den Sommertag!

ZITRONENZUCKER

1. Waschen Sie die Limette mit heißem Wasser gut ab und reiben Sie dann die Schale ab.

2. Vermischen Sie den Zitronenthymian mit dem Abrieb der Limette.

3. Geben Sie in ein Glas abwechselnd eine Schicht Zucker und eine Schicht Zitronengemisch.

4. Lassen Sie die Mischung eine Woche lang ziehen.

5. Je nach Belieben können Sie anschließend die Limettenschalen heraussieben oder im Zucker belassen.

GÄRTNERN *ganz ohne Garten*

Nicht jeder hat das Glück, einen Balkon sein Eigen zu nennen. Und selbst wenn Sie stolzer Balkonbesitzer sind, bedeutet das leider nicht gleichzeitig auch, dass dort genügend Platz für all die Pflanzen ist, die Sie gerne anpflanzen möchten. Nun gilt es mit offenen Augen durch die Wohnung zu gehen. Garantiert gibt es freie Plätzchen, an denen sich Kräuter oder Pilze wohlfühlen. Oder Sie weichen direkt in Ihre Umgebung, Ihre Stadt aus! Der Hinterhof, der Grünstreifen vor dem Haus oder das Baustellengerüst – machen Sie Ihre Stadt grüner. Bestimmt gibt es andere Gartenfreunde, die schon fleißig dabei sind, brachliegende Flächen oder Verkehrsinseln mit essbarem Grün zu bepflanzen. Vielleicht haben Sie ja Lust, sich einer dieser Urban-Gardening-Gruppen anzuschließen. Gemeinsam macht das Gärtnern nämlich noch viel mehr Spaß!

GÄRTNERN *in der Wohnung*

FENSTERBANK

Kräuter gehen eigentlich immer! Aus einer Fensterbank in der Küche, die vielleicht gerade noch mit Kochbüchern und Krimskrams vollgestellt ist, wird mit nur wenigen Handgriffen ein kleiner Garten. Besorgen Sie sich einen Blumenkasten, ein paar Blumentöpfe, Erde und Samen. Schon ist alles für den Anbau auf der Fensterbank beisammen. Verzichten Sie lieber auf die Kräutertöpfchen aus dem Supermarkt. Das ist auf den ersten Blick zwar die einfachere Variante, aber Sie werden nicht lange Ihre Freude daran haben. Diese Kräuter gewöhnen sich nur schwer an das Klima in der Küche und lassen meist nach einer Woche erschöpft ihre Blätter hängen. Greifen Sie lieber selbst zu Saatgut!
Nicht alle Kräuter eignen sich gleich gut für den Anbau in der Wohnung. Am besten beginnen Sie mit Schnittlauch, Petersilie, Rosmarin, Basilikum, Thymian und Kresse. Übrigens: Es müssen nicht immer Blumentöpfe sein, eine alte Teekanne oder ausrangierte Emaillebecher sind gerade in der Küche besonders dekorative Pflanzgefäße. Achten Sie dabei aber unbedingt darauf, dass keine Staunässe in den Gefäßen entsteht!

KELLER

Ist die Wohnung bereits voll mit Pflanzen oder ist von vornherein nicht besonders viel Platz für eine grüne Oase, dann bleibt noch der Keller. Richtig gehört! Selbst in einem kleinen dunklen Kellerabteil kann etwas Essbares gedeihen. Pilze fühlen sich unter den Bedingungen, die ein Kellerabteil bietet, nämlich pudelwohl! Wie das funktioniert, lesen Sie auf Seite 129.

DIY

MINI-Avocadopflanze

Nachos mit einer würzigen Guacamole machen den Fernsehabend gleich zu einem kulinarischen Erlebnis. Übrig bleibt ein großer brauner Kern. Zum Wegwerfen eigentlich viel zu schade. Also wird daraus die nächste Zimmerpflanze! Allerdings braucht es hier mehrere Monate Geduld, bis aus dem Kern eine neue Pflanze wird.

MATERIAL

1 Avocadokern

1 passende Schale

Wasser

1 kleiner Pflanztopf

Blumenerde

SCHRITT 1

Säubern Sie den Kern vom Fruchtfleisch und legen Sie ihn in einem Schälchen mit Wasser ein.

SCHRITT 2

Nach ein paar Tagen lässt sich die braune Schale abziehen. Nach mehreren Wochen platzt der Kern auf.

SCHRITT 3

Nach langem, geduldigem Warten zeigt sich endlich ein kleines Pflänzchen, das aus dem Kern in die Höhe sprießt. Nun kann der Kern in einen kleinen mit Erde gefüllten Topf umzuziehen.

Immer größer wird das kleine Pflänzchen, bis plötzlich ein kleiner Urwald auf Ihrer Fensterbank wächst. Früchte wird die Avocadopflanze wohl leider nicht tragen, aber sie sieht schick aus und ist eine Zimmerpflanze, die nicht jeder hat!

TIPP

Kostenlose und ganz untypische Zimmerpflanzen lassen sich auch aus Chilisamen, Ingwerwurzeln, Süßkartoffeln, Kichererbsen oder Maiskörnern ziehen.

DIY

KRESSE-*igel*

Lust auf einen unkomplizierten, pflegeleichten Untermieter? Dann ist Kresse die Lösung! Selbst im Winter, wenn es kaum hell ist, wächst sie zuverlässig. Schon nach ein paar Tagen spitzen die ersten grünen Blättchen hervor. Einen Kresseigel aus Ton können Sie entweder kaufen, oder Sie säen die Kresse auf einem Kaffeefilter oder Wattepads aus.

MATERIAL

1 Päckchen Kressesamen

1 kleines Schälchen

Wasser

Kresseigel aus Ton (siehe Bezugsquellen Seite 140)

Kaffeefilter oder Wattepads

SCHRITT 1

Legen Sie die Kressesamen für ein paar Stunden in Wasser ein.

SCHRITT 2

Währenddessen legen Sie den Kresseigel mit einem Kaffeefilter oder Wattepads aus.

SCHRITT 3

Anschließend gut wässern. Das überschüssige Wasser abgießen.

SCHRITT 4

Nun die Samen gleichmäßig auf dem Kresseigel verteilen.

SCHRITT 5

Täglich mit Wasser versorgen, denn die Samen dürfen nicht austrocknen. Schon nach wenigen Tagen fängt die Kresse an zu sprießen und kann mit der Küchenschere büschelweise geerntet werden.

TIPP

Besonders lecker ist ein Bauernbrot mit Butter, Salz und frischer Kresse.

DIY

PILZE *züchten*

Ob gebacken, in der Soße zu Rind und Kloß oder als wunderbares Risotto – wer liebt sie nicht, leckere Pilzgerichte? Und wer hätte gedacht, dass es so einfach ist, seine eigene biologisch unbedenkliche Pilzkultur zu züchten. Ganz ohne Wald und Pilzsammler.

MATERIAL

1 kg trockenes Weizenstroh

Plastikwanne

Wasser

Handtuch

100 g Austernpilzbrut (siehe Bezugsquellen Seite 140)

Küchenwaage

Plastiktüte

Gartenschnur

SCHRITT 1

Geben Sie das Stroh in die Plastikwanne und füllen Sie diese mit Wasser auf. Tauchen Sie das Stroh richtig unter Wasser, damit es sich vollsaugen kann. Lassen Sie alles 24 Stunden lang einweichen.

SCHRITT 2

Das Wasser abgießen. Geben Sie das Stroh auf ein Handtuch und lassen Sie es mehrere Stunden abtropfen. Ist das Stroh zu nass, kann es passieren, dass die Pilzbrut dadurch kaputtgeht.

SCHRITT 3

Zerkleinern Sie 100 g der Pilzbrut in haselnussgroße Stücke, verteilen Sie sie auf dem Stroh und durchmischen Sie alles.

SCHRITT 4

Das Stroh in den Plastiksack abfüllen und mit der Gartenschnur zubinden. Achten Sie darauf, dass das Stroh fest zusammen gebunden ist und kaum mehr Luft im Plastiksack zurückbleibt.

SCHRITT 5

Stechen Sie mit einem scharfen Messer mehrere kleine Löcher in den Plastiksack. Aus diesen wachsen später die Pilze heraus. Ideal sind Temperaturen zwischen 15–22 °C. Der Strohballen darf nicht austrocknen, aber auch nicht zu feucht sein. Sobald sich die ersten kleinen Pilze zeigen, sollte gewässert werden. Am besten geht das mit einer Sprühflasche. So besteht keine Gefahr, dass es den Pilzen zu feucht wird.

Es kann sein, dass sich auch andere Pilze ausbilden. Das macht aber nichts, denn in der Regel werden diese Unkrautpilze von der eigentlich ausgebrachten Pilzbrut überwuchert.
Je nachdem, welche klimatischen Bedingungen die Pilze vorfinden, kann es zwischen zwei bis fünf Monaten dauern, bis Sie Pilze ernten können.

GUERILLA-*Gardening*

Keine Sorge, hierbei handelt es nicht um schwer bewaffnete Untergrundkämpfer, die im Stadtpark auf Sie lauern. Beim Guerilla-Gardening geht es vielmehr um eine friedliche Gartenbewegung, die einen politischen Hintergrund verfolgt. Die Garten-Guerilleros möchten ihre Umwelt aktiv und selbstbestimmt mitgestalten. Es ist ein Aufbegehren, ein Aufmerksammachen, eine grüne Ansage an Städteplaner und Verwaltungen gegen auf Profit ausgerichtete Stadtgestaltung, gegen Parkanlagen, die jeden Monat mit neuen Blumen bepflanzt werden. Die Hoffnung auf ein kleines Stück Unabhängigkeit vom globalen Handel hin zu einer essbaren bunten Stadt.

WIR MACHEN DIE STADT SCHÖNER

Die Projekte sind bunt und kreativ. Dabei steht nicht der Anbau von Essbarem im Vordergrund, sondern das Verschönern der Stadt. Guerilla-Gärtner begrünen Flächen, die nicht ihnen gehören. Dabei kann es sich sowohl um städtische Flächen wie Verkehrsinseln oder Baumscheiben handeln als auch um brachliegende verwahrloste Privatgrundstücke. Grundsätzlich ist es illegal, Samen oder Pflanzen auf Grundstücken auszubringen, ohne dabei die Erlaubnis des Eigentümers zu haben. Meist ist es aber so, dass die Kommunen solche Begrünungsmaßnahmen der Bürger dulden oder sogar für positiv befinden. Schließlich werden dadurch schnöde Baumscheiben zu blühenden Oasen und ganze Straßenzüge können durch die Initiative der Gartenaktivisten aufgewertet werden, ohne dass die städtische Verwaltung dafür in die Tasche greifen muss.

Mittlerweile ist das Guerilla-Gardening in der Mitte der Gesellschaft angekommen. Es sind nicht mehr nur politisch aktive Menschen, Künstler und Kreative, die zur Samenbombe greifen. In Onlineshops oder kleinen DIY-Läden gibt es mittlerweile Samenbomben oder Bausätze zu kaufen, um ganz leicht selbst aktiv zu werden. Die Waffen der Guerilla-Gärtner gibt es also für jeden. Es kribbelt Ihnen schon in den Fingern? Folgendes gilt es zu beachten.

GRUNDREGELN FÜR GUERILLA-GÄRTNER

- Säen Sie nur biologisches und regionaltypisches Saatgut, das Ökosystem soll nicht durcheinander geraten.
- Wählen Sie Pflanzen, die auch für Insekten, wie Bienen und Schmetterlinge, eine gute Nahrungsquelle sind. Schmetterlingswiesen- und bunte Wildblumen-Samenmischungen sind hierfür ideal.
- Überprüfen Sie, ob die Fläche tatsächlich geeignet ist. Falls an der Stelle in zwei Wochen gebaut werden soll oder der Rasen im Park jede Woche gemäht wird, haben Pflanzen dort keine Chance.
- Flächen, die unter Naturschutz stehen, sind tabu.
- Passen Sie gut auf sich auf! Nachts eine Verkehrsinsel oder das Gleisbett zu begrünen ist nicht nur Spaß, sondern kann leicht zu gefährlichen Situationen führen.
- Bringen Sie Pflanzen aus, die an den von Ihnen gewählten Standorten auch gedeihen.
- Stellen Sie sicher, dass Sie die bepflanzte Fläche auf Dauer pflegen können, sonst ist die grüne Pracht leider bald dahin. Ist keine Zeit für eine Pflege, wählen Sie Pflanzen, die auch gut ohne Sie zurechtkommen.

Es muss nicht immer eine große Fläche sein. Man kann mehr begrünen, als man auf den ersten Blick denkt. Vielleicht lassen sich an einem Verkehrsschild bei Ihnen um die Ecke Milchtüten mit Ringelblumen anbringen. Ein altes verkehrsuntaugliches Fahrrad oder löchrige Stiefel machen sich ebenfalls gut als kreative Pflanzgefäße.

GEMEINSAM AKTIV WERDEN

In vielen Städten gibt es bereits Guerilla-Gruppen. Man verabredet sich über das Internet und bricht gemeinsam zu nächtlichen Begrünungsaktionen auf. Oft geht die Arbeit der Gärtner über das reine Anpflanzen hinaus. Die Gruppenmitglieder veranstalten grüne Stadtführungen und Umweltbildungsprojekte, um so auf ihre Arbeit aufmerksam zu machen und andere dafür zu begeistern.

DIY

MOOS-Graffiti

Guerilla-Gardening trifft auf Street-Art. Hier setzt man auf das biologisch abbaubare Moos-Graffiti und verschönert damit kahle Stadtmauern und Uferbefestigungen. Straflich unantastbar sind Sie aber nur, wenn Sie Ihre Kunst auf die eigenen Wände beschränken.

MATERIAL

1 Handvoll Moos

2 Becher Joghurt

2 EL Buttermilch

1 TL Zucker

etwas Wasser zum Verdünnen

SCHRITT 1

Geben Sie alle Zutaten in einen Mixer und pürieren Sie die Masse. Falls das Gemisch noch zu flüssig ist, kann mit Joghurt oder noch mehr Moos nachgeholfen werden.

SCHRITT 2

Tragen Sie die Moosmasse mit einem Pinsel auf eine feuchte Wand auf. Leichter geht das, wenn Sie vorab mit einem Stück Kreide eine Figur oder einen Schriftzug grob aufmalen. Am besten eignet sich eine feuchte Unterführung oder eine Nordwand.

Damit das Graffiti gut wächst, ist es hilfreich, es mit einem Sprüher immer feucht zu halten. Wird es zu trocken, geht das grüne Graffiti leider kaputt.

HINWEIS

Wichtig ist, dass das Moos aus der Stadt kommt und nicht aus dem Wald. Schließlich herrschen im Wald ganz andere Bedingungen und das Moos, das dort wächst, ist eine völlig andere Moosart, als die, die auf der Betonmauer wächst.

DIY

SAMEN-*bomben*

Werfen Sie die Samenbomben auf Flächen, die nicht oder nur einmal im Jahr gemäht werden. Am schönsten ist es, wenn Sie auf dem Weg zur Arbeit ein paar der Samenbomben fallen lassen. So können Sie gut beobachten, wie eine unschöne Fläche zum Hingucker wird.

MATERIAL

2 Handvoll Blumenerde

3 Handvoll Gartenerde

1 Handvoll Samen

Schüssel

Wasser

Kochlöffel

SCHRITT 1

Geben Sie die Blumenerde zusammen mit der Gartenerde und den Samen in eine Schüssel.

SCHRITT 2

Nun langsam ein wenig Wasser dazugeben. Nur so viel, dass sich alles gut vermischen lässt. Eine Konsistenz ähnlich zu Mürbeteig ist optimal.

SCHRITT 3

Nehmen Sie ein wenig von der Erde-Samen-Mischung aus der Schüssel und formen Sie daraus haselnussgroße Kugeln. Nun ab damit in die Sonne, bis die Samenbomben gut getrocknet sind.

TIPP

Regentage eignen sich besonders gut für das Werfen von Samenbomben. Durch die Feuchtigkeit haben die Samen gute Bedingungen und fangen schnell an zu keimen.

URBAN-*Gardening*

Wie der Name schon sagt, geht es beim Urban-Gardening ums Gärtnern im urbanen Raum. Mitten in der Stadt wird Obst und Gemüse angebaut. Als „Ackerland" dienen Brachflächen, leer stehende Baugrundstücke oder Hinterhöfe. Dort wird auf nachhaltige und umweltbewusste Weise gemeinschaftlich Gartenbau betrieben. Angepflanzt wird nicht direkt in der Erde, da diese meist durch Bauschutt oder Ähnliches belastet ist. Daher dienen alte Bäckerkisten, Reissäcke, Weinkisten oder selbst gebaute Beete aus alten Paletten als Anbauflächen. Der Kreativität und der Lust an neuen alternativen Pflanzgefäßen sind keine Grenzen gesetzt!

WARUM URBAN-GARDENING?

Die Citygärtner legen großen Wert darauf, nur aus natürlichem, nicht hybridem Saatgut neue Tomaten, Kartoffeln oder Bohnen heranzuziehen. Auch was heimisch und für die jeweilige Region typisch ist, wird vermehrt angepflanzt. Beim Urban Gardening geht es jedoch um mehr als den reinen Gemüseanbau. Der Gemeinschaftssinn tritt in den Vordergrund und die Anonymität der Großstadt damit ein ganzes Stück in den Hintergrund.

Die Menschen haben Freude an der Begegnung und der Zusammenarbeit mit den Leuten aus ihrem Viertel. Das Schöne dabei ist, dass Menschen mit unterschiedlichster Herkunft, Hintergrund und Alter beim gemeinsamen Gärtnern zusammenkommen. Auch der Gedanke, dass das Wissen über den Anbau und die Pflege von Pflanzen nicht verlorengehen darf, treibt die neuen Großstadtgärtner an. Natürlich haben auch Lebensmittelskandale und die Strukturen der Großkonzerne ihren Teil dazu beigetragen, dass der Wunsch nach mehr Unabhängigkeit hin zur eigenen Erzeugung von Lebensmitteln stärker denn je ist.

So sind es heute nicht mehr einige wenige Aussteiger, die sich gerne selbst versorgen möchten. Im Gegenteil, gärtnern ist hip und angesagter denn je bei den Stadtbewohnern. Ein sehr schönes Beispiel hierfür sind die Prinzessinnengärten in Berlin – das Aushängeschild der europäischen urbanen Landwirtschaft.

SO ENTSTAND URBAN-GARDENING

Aber wie kam es denn überhaupt zu dieser Gartenbewegung? Urban-Gardening ist Anfang der 90er-Jahre in Kuba entstanden. Nach dem Zerfall des Ostblocks hatte das Land mit extremen Versorgungsengpässen zu kämpfen. Vor allem im Lebensmittelsektor und bei Erdöl und Dünger war Kuba von Importen abhängig. Doch diese blieben aus und die Einwohner hatten mit Armut und Hunger zu kämpfen. Aus dieser Not heraus entschied sich die Regierung dazu, den Kubanern ungenutzte, leerstehende Flächen für den Anbau von Nahrungsmitteln zur Verfügung zu stellen. Aufgrund des Versorgungsengpasses musste überwiegend auf chemische Dünger verzichtet werden. Somit war die nachhaltige und ökologisch urbane Landwirtschaft geboren. Heute werden zwei Drittel des Gemüsebedarfs der 2-Millionen-S tadt Havanna von deren Bewohner mitten in der Stadt produziert. Für viele Entwicklungsländer gilt Kuba daher als Vorbild bzw. Chance, der Armut ein Stück weit zu entfliehen.

In unserem Land hat die Bewegung ihren Ursprung nicht in einer Notlage. Vielmehr sind der Wunsch nach weniger Konsum und mehr Bewusstsein für Lebensmittel die treibenden Kräfte des städtischen Gärtnerns. Die Sehnsucht nach Produkten, die natürlich sind, und nach einem Leben im Einklang mit der Natur lässt Urban-Gardening-Projekte an allen Ecken der Städte aus dem Asphalt sprießen. In Nachbarschaftsgärten, auf Parkhausdächern, in interkulturellen Gärten oder im Hinterhof wird gemeinsam angebaut, gegossen, gelernt, gelacht und gegessen.

DIE WÜRZBURGER STADTGÄRTNER

Nicht nur die Metropolen dieser Welt beheimaten Urban-Gardening-Initiativen. Kleinere Städte ziehen längst nach, z. B. Würzburg. In der unterfränkischen Kleinstadt, die knapp 130.000 Einwohner zählt, haben sich im Jahr 2012 die „Stadtgärtner Würzburg" zusammengefunden. Die rund fünfzehnköpfige Gruppe setzt sich aus den unterschiedlichsten Menschen zusammen. Egal, ob Student oder Rentner – hier ziehen alle am gleichen Strang.

ZIELE DER STADTGÄRTNER

- Die Stadt aktiv mitgestalten, lebenswerter und grüner machen.
- Wissen über den regionalen Obst-und Gemüseanbau erhalten, weitergeben und neue Konzepte ausprobieren.
- Einen Ort der Begegnung, des Austausches und der Veränderung schaffen.
- Ein Stück Unabhängigkeit vom Handel, von politischen und globalen Strukturen.
- Jede Menge Spaß dabei haben!

Nach einem Jahr der Debatten, der Flächensuche und der Gruppenfindung haben sich die Gärtner im Jugendkulturhaus Cairo niedergelassen. Doch bevor es so richtig losgehen konnte, mussten erst einmal jede Menge Beete gebaut werden. Wie die meisten urbanen Gärten ist auch der in Würzburg auf Hochbeete und andere Pflanzgefäße wie Reissäcke, Paletten und Weinkisten angewiesen.
Die Gruppe engagiert sich weit über den Anbau von Gemüse und Kräutern hinaus. In Anzucht-Workshops geben sie Informationen zu Saatgut und Vermehrung von Pflanzen. Beim weltweit jährlich stattfindenden Parking Day machen es sich die Gärtner einen Tag lang auf einem Parkplatz mit jeder Menge Pflanzen gemütlich. Mit dieser Aktion machen sie darauf aufmerksam, wie viel Platz den Autos in einer Stadt eingeräumt wird und wie wenig wiederum wertvollen Grünflächen. Auf dem Flohmarkt verkaufen die Gärtner überschüssige Pflanzen und Samenbomben. Die Stadtgärtner vernetzen sich auch mit anderen Würzburger Initiativen und nehmen mit Infoständen an Festen diverser Würzburger Gruppen teil. Auch das Feiern kommt nicht zu kurz, wie beispielsweise beim jährlichen Erntefest für Helfer und Interessierte.

EINE EIGENE GRUPPE GRÜNDEN

Sie möchten selbst aktiv werden? Das Internet ist hierfür die beste Informationsquelle. Schauen Sie zuerst, ob es schon eine Initiative in Ihrer Stadt gibt. Auf der Seite www.anstiftung.de sind beinahe alle deutschen Urban-Gardening-Projekte eingetragen. Finden Sie in Ihrer Stadt keine Gruppe oder entspricht diese nicht Ihren Vorstellungen, können Sie auch selbst etwas aufzubauen:

- Posten Sie in den sozialen Medien, dass Sie ein Treffen für Interessierte abhalten. Bitten Sie ein großes Stadtmagazin, diesen Aufruf zu teilen. Beziehen Sie Ihre Nachbarschaft ein und verteilen z. B. kleine Infozettel als Einladung zum Treffen in den Briefkästen.
- Informieren Sie sich bei anderen Projekten über deren Vorgehensweise. Auf www.anstiftung.de finden Sie auch Gemeinschaftsgärten, die beratend tätig sind.
- In dem Buch „Wissen wuchern lassen" von Severin Halder finden Sie nützliche Tipps für die Gründung und Bewirtschaftung eines urbanen Gartens.
- Sind andere Gartenbegeisterte gefunden, müssen sich alle gemeinsam über das weitere Vorgehen einig werden. Wie groß soll die Fläche sein? Wie viel Zeit kann jeder einzelne investieren? Welche finanziellen Mittel stehen zur Verfügung? Fragen über Fragen, die es zu klären gibt. Früher oder später steht meist auch eine Vereinsgründung an. Das ist schon allein aus Haftungsgründen sehr zu empfehlen.
- Sind die groben Strukturen geklärt, geht es an die Grundstückssuche. Je nach Größe und geographischer Lage der Stadt, kann dies jede Menge Zeit in Anspruch nehmen. Gehen Sie immer mit offenen Augen durch die Straßen. Fragen Sie bei der Stadtverwaltung nach, ob man Ihnen dort behilflich sein kann. Auch kulturelle oder soziale Einrichtungen, die eine Wiese oder einen Hof mit angeschlossen haben, könnten für ein neues Urban-Gardening-Projekt in Frage kommen.
- Schließlich geht es daran zu planen, wie der Garten aussehen soll und welche Pflanzen wo wachsen werden.

Genauso wie die Pflanzen wachsen, gedeiht auch eine Urban-Gardening-Gruppe. Auch wenn es zwischendurch vielleicht einmal anstrengend sein kann oder Rückschläge die Gruppe beuteln – vergessen Sie nie, warum Sie aktiv sind und wie viel Spaß das gemeinsame Gärtnern macht!

BALKON-*kalender*

JANUAR

Hat es geschneit, dann sollten Sie einen Blick auf Ihre Pflanzen werfen und diese gegebenenfalls von zu viel Schnee befreien. Ansonsten kann es passieren, dass die Triebe unter der Schneelast abbrechen.

Damit wenigstens ein wenig Grün aus eigenem Anbau in der dunklen Jahreszeit auf den Teller kommt, ist ein Kresseigel eine tolle Möglichkeit (siehe Seite 128).

FEBRUAR

Nun kann man sich an die Planung des bevorstehenden Balkonjahres machen. Überlegen Sie sich, was Sie anpflanzen möchten, und gehen Sie Ihren Saatgutbestand durch. Ist alles da, oder muss noch etwas zugekauft werden?

Es ist außerdem sinnvoll, sich eine Skizze anzufertigen, was später in welchen Kübel gepflanzt wird.

Nutzen Sie die Zeit, um Pflanzgefäße zu basteln, Töpfe neu zu bemalen oder Arbeitsgeräte zu reinigen.

MÄRZ

Anfang März kann es endlich mit der Gartenarbeit losgehen. Wenn auch zunächst einmal überwiegend im Haus. Nun darf damit begonnen werden, Tomaten, Paprika, Gurken und einjährige Blumen wie Kapuzinerkresse und alles, was Sie sonst noch gerne anbauen möchten, auf der Fensterbank vorzuziehen.

APRIL

Die Pflanzen, die im Keller oder Treppenhaus überwintert haben, dürfen nun wieder an die frische Luft. Gewöhnen Sie die Pflanzen langsam an die Witterung auf dem Balkon. Also lieber an der geschützten Hauswand stehen lassen und in kalten Nächte ein Gartenvlies überwerfen.

Ende April, wenn die selbst gezogenen Setzlinge stark genug sind, geht es ans Pikieren (siehe Seite 23).

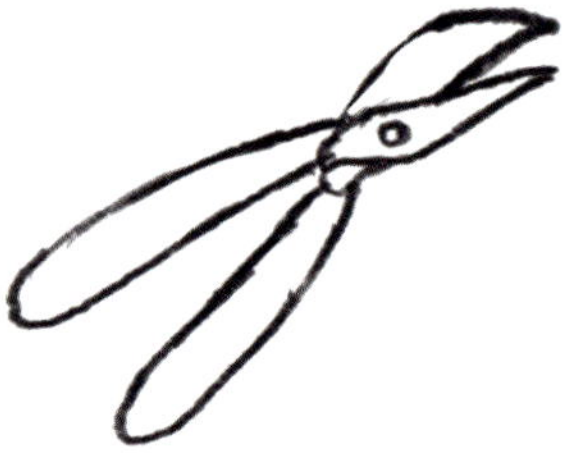

MAI

Ab Mitte Mai sollte kein Frost mehr drohen. Nun dürfen die Setzlinge ab in die Balkonkästen. Alle Pflanzen können nun wieder ihren angestammten Platz auf dem Balkon einnehmen. Achten Sie sicherheitshalber noch auf den Wetterbericht. Gibt es nochmal ein paar kältere Nächte, sollten Sie Ihre Setzlinge lieber an die Hauswand rücken und mit einer Decke schützen.

Für das Teilen von Stauden ist nun die richtige Zeit gekommen (siehe Seite 70).

JUNI/JULI/AUGUST

In diesen drei Monaten können Sie Ihren Balkon in vollen Zügen genießen. Entfernen Sie Verblühtes, so bleiben Ihre Balkonpflanzen noch länger schön. Lassen Sie aber auch ein paar Blüten als Saatgutlieferanten stehen.

Setzen Sie eine Brennsesselbrühe an und düngen Sie damit Ihre Starkzehrer, wie z. B. Tomaten und Paprika.

Lavendel nach der ersten Blüte ordentlich zurückschneiden, so blüht er noch ein zweites Mal.

Stauden, die nun in die Höhe geschossen sind, mit einer Gartenschnur anbinden.

SEPTEMBER/OKTOBER

Ernten Sie Saatgut von Pflanzen, die Sie im kommenden Jahr gerne wieder auspflanzen möchten.

Machen Sie Ihre Ernte haltbar und legen Sie sich damit einen kleinen Vorrat für den Winter an.

Ende Oktober wird es Zeit, Abschied zu nehmen und die einjährigen Pflanzen in der Biotonne zu entsorgen.

NOVEMBER

Anfang November, wenn bereits Frost droht, müssen die Pflanzen winterfest gemacht werden.

Leere Töpfe und Gartengeräte im Keller verstauen. Gartenmöbel einölen und ebenfalls ins Winterquartier packen.

Stecken Sie Blumenzwiebeln in die nun leer gewordenen Kästen.

DEZEMBER

Decken Sie Ihre Kübel mit grünen Zweigen ab und dekorieren Sie Ihren Balkon weihnachtlich.

Die Pflanzen im Winterquartier ab und an gießen.

Gartengeräte saubermachen und pflegen.

Weihnachtsgeschenke aus der eigenen Ernte basteln, wie z. B. Zitronenzucker.

BEZUGSQUELLEN *und Internetadressen*

SAATGUT & PFLANZEN

Naturkaufhaus Body & Nature
www.naturkaufhaus.de

Bingenheimer Saatgut
www.bingenheimersaatgut.de

Dreschflegel
www.dreschflegel-shop.de

Bioland Saatgutversand
www.biogartenversand.de

Bio Saatgut
www.bio-saatgut.de

Staudengärtnerei Gaißmayer
www.gaissmayer.de

Arche Noah
(Gesellschaft für die Erhaltung der Kulturpflanzenvielfalt und ihre Entwicklung)
www.arche-noah.at

C. und R. Zollinger – Biologische Samengärtnerei
www.zollinger-samen.ch

VEN
(Verein zur Erhaltung der Nutzpflanzenvielfalt e.V.)
www.nutzpflanzenvielfalt.de

Biopilzshop
(Austernpilz-Brut)
www.biopilzshop.de

ZUBEHÖR & ERDE

Plantu
www.plantu.de

Kompostwerk Würzburg
www.wuerzburger-kompost.de

Neudorff
www.neudorff.de

Gartenzauber
www.shopgartenzauber.com

Garten und Gabel
www.garten-gabel.com

The Balkony Gardener
www.thebalconygardener.com

Wurmwelten
(Würmer für die Wurmkiste)
www.wurmwelten.de

Gärtner Pötschke
(Kresseigel & vieles mehr rund ums Gärtnern)
www.poetschke.de

Nützlinge & Insektenhotels
www.nuetzlinge.de

BUND Laden (Bund für Umwelt und Natur Deutschland)
www.bundladen.de

URBAN GARDENING & GRÜNE PROJEKTE

Stadtgärtner Würzburg
www.stadtgaertner-wuerzburg.de

Stadtgärtner Nürnberg
www.stadtgarten-nuernberg.de

o'pflanzt is! (München)
www.o-pflanzt-is.de

Keimzelle (Hamburg)
www.keimzelle.rindermarkthalle.de

Gartendeck (Hamburg)
www.gartendeck.de

Prinzessinnengärten Berlin
www.prinzessinnengarten.net

Will pflanzen
www.will-pflanzen.de

Stiftungsgemeinschaft anstiftung & ertomis
www.anstiftung.de

Mundraub
www.mundraub.org

Transition Town
www.transition-initiativen.de

Essbare Stadt Andernach
www.andernach.de

Todmorden in England
www.incredible-edible-todmorden.co.uk

PLATZ FÜR IHRE *Notizen*

ÜBER DIE *Autorin*

Silvia Appel liebt die Natur und lebt dennoch mitten in der Stadt – in Würzburg. Für sie ist das kein Widerspruch, denn auch in der Stadt kann man sich grüne Oasen schaffen. Um sich herum baut sie auf ihrem Stadtbalkon und in einem kleinen Schrebergarten jede Menge Gemüse, Kräuter und Blumen an. Die Begeisterung für den Garten hat Silvia sozusagen in die Wiege gelegt bekommen. Schon als Mädchen durfte sie sich im Garten ihrer Eltern austoben und dort Radieschen und Möhren aussäen. Seit 2013 teilt Silvia ihre Gartenleidenschaft mit ihren Leser auf dem Blog **www.garten-fraeulein.de.**

DANK-*sagung*

Ein großes Dankeschön möchte ich dem Team von der Edition Michael Fischer aussprechen und ganz besonders meiner Lektorin Annika Christof – ohne sie wäre dieses wundervolle Buch nie zustande gekommen. Ich weiß noch genau, wie ich mich über ihre Nachricht gefreut habe.

Danke an meine Eltern für eine Kindheit auf dem Land, einen riesigen Garten und die Liebe zur Natur. Meiner lieben Schwester danke ich dafür, dass sie immer für mich da ist und mich bei all den Fotosessions unglaublich unterstützt hat. Danke an meine großartigen Freunde, die mich all die Monate hinweg unterstützt haben. Vor allem Julia und Daniel gilt ein riesengroßes Dankeschön – der Tag mit euch war unvergesslich schön! Ganz besonders danke ich dir, mein lieber Freund. Du hast mir immer wieder Mut zugesprochen, mir bedingungslos zur Seite gestanden und mich durch alle Höhen und Tiefen begleitet.

Natürlich möchte ich auch meinen Sponsoren ganz herzlich für die Bereitstellung von Material danken: Plantu, dem Naturkaufhaus Body & Nature Würzburg und dem Kompostwerk Würzburg